騙されない老後

権力に迎合しない不良老人のすすめ

池田清彦

Kiyohiko Ikeda

はじめに

つい最近、おまわりさんが家に来た。何ごとかとびっくりしたが、僕の家の近辺で詐欺の被害に遭った人がいるらしく、注意喚起のために巡回しているという話であった。

おまわりさんが言うには、近隣の警察署の署員を装った犯人に、通帳とハンコをうっかり渡してしまう人が続出しているらしい。

被害に遭うのはやはり大半が高齢者だそうだが、とはいえこの手の詐欺被害は、年を取って判断力が低下していることだけが理由ではない。日本人というのは、警察署だとか税務署だとかの〝公権力〟にめっぽう弱く、いわゆるお上の人たちの言うことを無条件に信じる癖がある。高齢者ともなれば、それがすっかり染み付いていたとしても不思議ではない。

2020年、世界はCOVID－19（新型コロナウイルス感染症）のパンデミックに襲われた。日本でも感染者が増え始めた2月27日には、当時総理大臣だった安倍晋三が全国の学校に3月2日からの臨時休校を要請した。さらに4月7日には東京、神奈川、埼玉、千葉、大阪、兵庫、福岡の7都府県に対して緊急事態宣言を出し、4月16日にはその対象を全国に拡大して、不要不急の外出自粛を要請した。

これらはあくまでも要請であり、強制ではない。しかし、おそらく世界一真面目な日本人のほとんどは素直にその要請に従ったのである。

それどころか、要請を守らない人たちを社会全体でバッシングし、もっと強制的な措置を望む人まで現れた。NHKが行った世論調査では、「感染拡大を防ぐための法改正が必要」と考えている人は全体の6割にのぼったそうだ。どうやら多くの日本人は、権力で支配してくれるほうが何かと安心だと思い込んでいるらしい。「国がガイドラインを示してくれなきゃ動けない」などと言う地方自治体の長もいたが、こうなるともはや地方を「自治している」などとは言えないのではなかろうか。

臨時休校の是非についていえば、3月2日時点では感染者数がゼロや1桁の県も多く、少なくとも全国一斉でなければならない合理的理由などなかったはずだ。むしろ共働き家庭の子どもが行き場を失うなどのデメリットのほうが大きかったと思う。合理的判断によって通常どおり授業を行うことを決めた学校には、クレームの電話が殺到したというから、お上の要請に従わないことはもはや犯罪扱いなのである。

外出自粛にしても、パチンコ店に行く人やサーファーたちがかなり叩かれていた。サーファーの場合は、海の上にいる限り、避けるべきとされる「3密」とはまったく無縁のはずである。パチンコ店にしても危険度が高いとかなり煽られていたわりに、その後もクラスターが発生したという話は聞かない。ほとんどのパチンコ店は感染対策を徹底していたし、客もマスクをしたままパチンコに夢中で周りの人と話したりはしないのだから、冷静に考えればリスクはたいして高くはない。もちろん無理に行く必要はないと思うが、行きたい人には好きに行かせておいたって別に問題はなかったのである。

つまり、世の中の人たちが許せないのは、感染拡大のリスクが高いとか低いとかではなく、お上のお達しに従わないということ自体なのだろう。感染が落ち着いてきたわけでもないのに、政府が「ＧｏＴｏキャンペーン」を始めた途端、外出を控えろと怒り狂っていた人たちが文句を言わなくなったのが何よりの証拠である。

確かにCOVID－19の死者数に関していえば、欧米諸国に比べて日本は圧倒的に少ない。しかし、だからといってそれは政府が講じた対策の成果などでは決してないと僕は考えている。詳しくは第1章に譲るが、日本人が重症化する割合が低い理由は別のところにあり、政府の対策のおかげでなんとか持ちこたえているというのは完全な思い込み（ウソ）だし、実際のところウイルスの封じ込めに成功などしていない。ウイルスは政権に忖度などしないのである。

ただその一方で、権力を持つ者が、それに従わせるのに成功したことだけは間違いない。

6月4日に行われた参議院財政金融委員会で麻生太郎は、「(新型コロナウイルス感染症による死亡者が多い）国とうちの国とは、国民の民度のレベルが違う」という主旨の発言をした。麻生が言う「民度レベルが高い」国民とは、お上の言うことに素直に従う、言ってみれば騙しやすい国民のことなのである。

日本人の多くが、このような「民度の高い」国民に成り下がっている理由は、自分たちの手で世の中の仕組みを変えようという情熱などなく、決められたシステムの中でどううまく立ち回るか、ということにしか考えが及ばないせいだと思う。

特にその傾向が強いのは戦後生まれで、老後に片足を突っ込んでいたり、これから老後を迎えるくらいの人たちだ。みんな一緒で横並びのシステムに順応するよう教育され、そして社会に出れば効率よく大量生産することが求められ、道を踏み外すことなく、とにかく真面目にやっていれば年功序列で出世もできた世代である。

バブル崩壊後には厳しさを体験したものの、誰かの言いなりになって生きていれば、まあまあの暮らしもでき、比較的いい目を見ることができたギリギリの世代だと言ってもいい。

こういう人たちはその素直さや真面目さゆえに、与えられた情報を精査することなく信じ込み、多数派こそ正義だと無意識に思い込むので、社会に騙されやすいという弱点がある。

菅政権は、日本学術会議が正規の手続きを経て推薦した新会員候補者6名の任命を、なんの根拠も示さずに拒否するという暴挙に出た。時の政府の方針に逆らう者は有無を言わさず排除しようとする政権なのだから、国民はもう少し危機感を抱いたほうがいい。

政権の国民に対するコントロールはますます巧妙になっている。自分の現在の損得だけを考え、多数派支持のほうが何かと安心だなどと思い込んでいると、気づいたときは手遅れで、明日はわが身になりかねない。

世の中の人がとりわけ騙されやすいテーマが、「安全」「健康」「環境」である。これらは不安を煽りやすいので、政治権力者が国民を騙す際の格好の大義名分として利用されるからだ。

COVID－19の感染拡大防止のための自粛要請はその典型だが、がん検診や健康診断を半ば強制するのだって、すべて「健康」を口実に利権を得るためでしかない。

さらには、地球温暖化の原因がCO_2の人為的排出であると言い張るのも、そのバックにはCO_2利権で巨額の利益を得ている企業の存在がある。地球の温暖化が進んでいると思い込んでいる人は驚くほど多いが、実際には根拠に乏しく、はっきり言えばウソである。

そもそも温暖化の決定的証拠とされたのは、20世紀後半になってから気温が急上昇していることを示した「ホッケー・スティック曲線」だが、それが捏造であったことは海外では有名な話だ。地球温暖化は1997年にストップし、21世紀に入ってからは世界の平均気温はむしろほんのわずかだが下がっているという、イギリスの気象庁とイースト・アングリア大学のCRU（気候研究ユニット）が発表したデータもあるし、北極海の夏の海氷面積はこの10年増減を繰り返していて、消滅する気配などない。シロクマも絶滅するどころか、ここ10年で頭数は30％ほど増えている。日本人の多くがこの事実を知らないのは、こうした事実を不都合に感じる権力によって報道が差し控えられているせいである。もしもこれらの事実に驚くようなら、自らの騙されやすい素地に自覚的になったほうがいい。

これから老後を迎える人や、すでに老後を生きている人にとっては、「安全」や

「健康」は重要なテーマだと思われるが、真実を知り、自分で考え、真っ当な判断をしなければ、本当の安全や健康は手に入らない。ただ言いなりになるだけでは、安全や健康のためにどんなに犠牲を払っても、かえって命を縮めることにもなりかねないし、そもそも老人だからかくあるべきというのも、もしかしたら、騙され続けた結果の思い込みかもしれないのだ。

権力に従順でいるだけでは豊かな老後は過ごせない。大事なのは何が最善であるかを自分の頭で考えて、自分で決める、ということだ。

権力を持つ者に言わせればそんな老人は「不良」なのだろうが、本当は「不良老人」こそが幸せなのだ。

つまり、ボケている場合ではないのである。まあ、ボケてしまった人は仕方ないけどね。

目次

第2章

第3章

嫌いなことはやらなくていい……87

世の健康情報に振り回されたらダメです

第4章 健康診断は受けなくていい
誰かの言いなりでは自分の命は守れません……119

第5章

人づきあいは必要だが「適当」ぐらいがちょうどいい……151

大事なのは頭の中の「多様性」です

第1章

新型コロナウイルスの正しい情報を知る

老人に必要なウィズコロナを生きる知恵、教えます

パンデミックは近現代の宿命

狩猟採集生活を送っていた1万年くらい前の人間は、50〜100人くらいの小さな集団をつくって暮らし、遠く離れた場所にいるほかの集団との接触はほとんどなかったと考えられる。こういった状況では、人類全体に拡散するような人間固有の感染症は存在しなかった。

集団自体は密集して暮らしていたので、もし、そのうちの誰かがウイルスに感染すると、おそらく全員が一気に感染するという事態になっただろう。しかし、それで全員が死んでしまえば、その時点でウイルスもすべて消滅する。なぜなら、人間固有のウイルスというのは人間の体の中でしか存続できないからだ。

また、治った者がいたとしても、それはその人間がウイルスに打ち勝ったということなので、やはりウイルスは消滅する。つまり、ほかの集団との接触がない限り、ウイルスは存続のしようがないのである。

しかし、農耕が始まって集団が大きくなり、さらにほかの集団との行き来も頻繁になると、集団全員が一気に感染する可能性は減る代わりに、ウイルスは宿主をいくらでも探せるようになった。

感染した最後の一人が死ぬか、ウイルスに打ち勝って治るかすれば、そのウイルスが人間固有のものである限りはその時点で消えてなくなってしまうのだが、常に誰かがそのウイルスに感染しているという状況では、いつまでたっても「最後の一人」は現れない。誰かがどこかで感染していれば、ウイルスは存続し続けるのである。インフルエンザがずっとなくならないのも、この瞬間も誰かがどこかでインフルエンザに感染しているからである。

それでも、乗り物がなかった時代なら、ウイルスの伝播速度は歩く速度を超えないので、パンデミック（世界的大流行）はそう簡単には起こらなかった。今回のCOVID－19（新型コロナウイルス感染症）のようなパンデミックは、交通網が発達し、世界的規模で人が行き来するようになって初めて出現した現象なのである。

ウイルスによるパンデミックとして思い起こされるのはスペイン風邪だが、この感染症による死者は全世界で5000万とも1億人以上ともいわれている。当時の世界人口は16億5000万人だったのだから、すさまじいレベルである。この原稿を書いている時点（2020年12月上旬）での、COVID－19の感染者数が6500万人余りなので、それと比較してもこの数字のすごさがわかるというものだ。

新型コロナウイルスのやっかいな特徴

スペイン風邪は、1918年1月から流行し始め1920年12月に収束したといわれている。つまり、収束までに約3年を要したということだ。

しかし、COVID－19の場合、下手をすればそれ以上長引く可能性もある。なぜなら、死者数を比較すれば新型コロナウイルスはスペイン風邪のウイルスよりも毒性がマイルドである可能性が高いからだ。

死者数の違いはもちろん、医療レベルの違いによる部分も大きいが、ウイルスによる感染症というのは一般的に致死率が高いものほど収束するのも早い。例えばエボラ出血熱ではその致死率は平均して50％、過去の流行では最大で90％にもなるといわれており、確かに恐ろしいのだが、局地的に発生してはだいたい数か月で収束している。SARS（重症急性呼吸器症候群）やMERS（中東呼吸器症候群）が世界的な流行にまで至らなかったのもそのウイルス毒性の強さによるところが大きい。もちろん、かかった人は気の毒であるが、高い確率で人を殺すようなウイルスは同時に自らも消滅していくので、人間社会には定着しづらいのである。

COVID－19は、重症化する人がいる一方で80％の人は軽症か無症状だといわれているので、そういう意味ではウイルスの毒性は決して強くはない。結果、このようなウイルスはだらだらと流行を長引かせる可能性が高いのだ。

ウイルスの立場から言うと、目的は仲間（数）を増やして自らが存続することなので、人間と共存できるほどほどのレベルの毒性のほうが得なのである。だから、感染力は増したとしても毒性はよりマイルドなほうに進化していくのが普通である。正確にいえば、変異自体はどっちの方向にも進むのだが、毒性の弱いものほど適応的なので、マイルドに変異したもののほうが増殖しやすいのである。

早期収束の鍵はワクチンが握っているのか？

完全に消えることはないにせよ、COVID－19もあと10～20年もすれば、まれに死ぬことはあっても、そう簡単に重症化したり、死んだりはしない感染症になっていると考えられる。どんなに猛威を振るった感染症でも、一定の時間がたてば、それなりに収束していくのだ。

ただ、老人の立場からすれば10年後に自分が生きているかどうかのほうが問題なので、10年で落ち着きますよと言われてもあまりうれしくはない。

もちろん急いで収束させようとするなら、人の往来を完全に止めてしまえばいいのだが、それでは経済が回らなくなり、感染症の広がりは多少抑えられてもそれ以上に深刻な問題が起こってしまう。今や狩猟採集生活を送っているわけではない人間にとってそれは不可能だろう。

そうなると最後の頼みの綱は、感染を防ぐためのワクチンということになる。だから世界中でその開発が急がれているのである。

ちょうどこの原稿を書いているさなかに、アメリカの製薬大手である「ファイザー」が、ドイツの「ビオンテック」と共同で開発中のCOVID－19ワクチンについて、「90％を超える予防効果がある」とする臨床試験結果を発表した。また、そのわずか1週間後には、こちらもアメリカの製薬会社である「モデルナ」から、自社で開発中のワクチンに「94・5％の確率で予防効果がある」という臨床試験結果が発表された。

そもそもワクチンには、ヒトの免疫システムを刺激して特定の病原体（抗原）を攻撃し無力化することができる「抗体」をあらかじめ体につくらせるという働きがある。

ワクチンの種類としては、もともとの病原体の毒性を弱めた状態で注入する「生ワクチン」や、毒性を完全になくした病原体や抗体をつくるのに必要な抗原部分だけを注入する「不活性化ワクチン」などがあるが、ファイザーやモデルナが開発しているのは、病原性のない脂質ナノ粒子に新型コロナウイルスタンパク質の遺伝子情報を持つmRNA（メッセンジャー・アール・エヌ・エー）を封入した、「mRNAワクチン」である。

新型コロナウイルスの表面にはギザギザした王冠のような突起＝スパイクがあり、それが名前の由来になっているる。王冠はギリシャ語で「コロナ」と呼ばれているからだ。

このスパイクが、ヒトの細胞表面にある「ＡＣＥ２（angiotensin-converting enzyme 2／アンギオテンシン転換酵素Ⅱ）」と結合することで感染は成立する。新型コロナウイルスのスパイクはいわば「鍵」のようなもので、「鍵穴」となるＡＣＥ２に突き刺さる様子をイメージすればわかりやすいかもしれない。

そんなコロナウイルスのスパイクはスパイクタンパク質から成っているが、ｍＲＮＡワクチンには、そのタンパク質をつくる遺伝子情報（ｍＲＮＡ）が組み込まれているわけだ。

ｍＲＮＡの情報に従い、ヒトの体内でコロナウイルスと同様のスパイクタンパク質（抗原）がつくられれば、免疫システムはそれに対応する抗体をつくる。この抗体があれば、本物のコロナウイルスが侵入してきたとしても感染を成立させるのに必要なスパイク部分をピンポイントで攻撃できるため、感染を防ぐことができる、という仕組みである。

早急な開発に残る安全性への懸念

ウイルスそのものから得た抗原を使うほかのワクチンと違い、抗原そのものを体内でつくらせてそれに対する抗体をつくり、感染成立の文字どおり「鍵」となるスパイクタンパク質だけをアタックするというのはなかなか洗練されたやり方で、「90％超」あるいは「94・5％」という予防効果も本当だとすればすごい。

ちなみに、「90％の予防効果」というのはワクチンを接種した人の90％がウイルスに感染しないという意味ではない。あくまでも「ワクチンを接種した人が接種しない人と比べてどれだけ感染を防げたか」を意味している。例えば4万人のボランティアを募り、2万人にはワクチンを投与し、2万人にはプラシーボ（偽薬）を投与したとして、一定期間内の発症者が前者は5人、後者は50人だったとすれば予防効果は90％ということになる。ワクチンを接種したことで50人が5人になった（つまり45人は発症を免れた）という意味での「予防効果90％」なのである。

ただ、実用化までにはまだかなりの時間を要すると思う。

その理由のひとつは、mRNAワクチンというものが非常に不安定で壊れやすいことだ。

モデルナのワクチンの保管温度はマイナス20度だそうなので、マイナス70度以下で保管しなければならないファイザーのワクチンに比べれば保管は楽かもしれないが、いずれにしても輸送や保管にかなり注意を要するのは間違いない。

そしてそれ以上に懸念されるのは、安全性である。

ワクチンに限らず、医薬品というのは本来であれば安全性を確認するために最低でも1~2年、長い場合は7年の年月をかけて多くの治験（臨床試験）が繰り返されるのが普通である。

しかし、COVID－19のワクチンに限っては2021年にどうしてもオリンピックを開催したくてたまらない人たちが大勢いるせいで、必要な治験をすっとばし、一刻も早い実用化を図ろうとしているのは明らかだ。製薬会社にしても一番乗りになれば相当儲かるだろうから、どこも必死なのである。

一気に期待が高まっているmRNAワクチンも、その有効性は確かだとしても治験に必要十分な時間をかけない限り、安全性には不安が残る。もちろん何ごともリスクゼロというのはありえないのだが、それでも確保されるべき最低限の安全性というものはある。見切り発車的に認可された結果、次々と副作用が報告されるといった危険性も決して低くはないと思う。

「ワクチンは高齢者から打つ」のはいいことなのか？

それがｍＲＮＡワクチンになるのかどうかはまだわからないが、ＣＯＶＩＤ－19に対するなんらかのワクチンが早期に実用化された場合、「重症化リスクが高い集団や感染リスクが高い集団から優先的に接種しましょう」という「配慮」がなされるかもしれない。前者は高齢者で、後者は医療従事者である。

しかし早期に実用化されるとしたら、本来あってしかるべき段階を踏んでいない、つまり十分な治験を積んでいないのだから、思いもよらぬ副作用が起こるかもしれない。「年寄りや医療従事者を手厚く守ってくれている」などとありがたがって、ワクチンをわれ先にと打てば、その副作用で重篤な症状に襲われるかもしれないわけだ。

そのようなワクチンを「先を譲ってもらって」早い時期に接種するのは、本当にそのワクチンが安全かどうかを確認するための最終的な「治験」に参加するのとなんら変わらないと思う。

特に何も問題が起こらなければいいが、医療従事者に副作用が出ると医療崩壊が起こるおそれがある。一方で副作用が原因で老人が大勢死んだとしても、国の経済に与える影響は少ないうえ、そのぶん年金も払わずに済むのだから、若い人が犠牲になるより国としてのリスクは少ない。

国の将来にとっては年寄りを優先という判断も、だからあながち間違いではない。しかし、「お年寄りの命を最優先に守ります」などと恩着せがましく言われたくはない。本来であれば、「このワクチンは安全性が微妙なのですが、よろしくお願いします」くらい言ってもいいものだが、それではワクチンを打つのを見送る人ばかりになってしまうだろう。

ワクチンというのは大勢の人が打ってこそ、感染拡大を抑止する効果がある。ワクチン接種が広がらないと困るのは、個人ではなく社会なのだ。

だから国としては、本当は強制的にでも打たせたいところなのだろうが、さすがにそういうわけにはいかないので、「さあ、お年寄りのみなさん、ワクチンを打って自分の身を守りましょう」などと大宣伝するかもしれない。でも本音としては「社会を守るために、ちょっと危険かもしれないけれど、お年寄りの方からワクチンを打っていただきたい」ということなのである。

あなたがワクチンを打つのは社会のため

ワクチン接種が始まっても数か月は様子を見るほうが安全だろう。そのうえで重篤な副作用が問題になる気配がなければ、ある程度は安心できるから、その時点で接種するかどうか検討すればいいと思う。

とはいえ、自分さえよければいいというのも憚られるし、その間にうっかり感染して誰かにうつしてしまえば他人の自由を損ねることにもなりかねないので、しばらくワクチンの様子を見るという選択をするのであれば、その間は家でおとなしくしているくらいのことは心がけるべきかもしれないな。

しかし、冷静に考えてみるとCOVID－19に関していえば、実際に感染を広げているのは無症状や軽症の若者なのだから、ワクチンはまず若者に打つほうが感染拡大を抑止する効果があるのではないだろうか。

僕のような老人は、若者に比べたら外出の機会などたかがしれているわけだから、感染する確率も低いし、ましてや感染源になる可能性はさらに低い。そういう意味で、まず若い人から先に打つというのは理にかなっている。

特段の問題がないことがわかったら老人も安心してワクチンを打つことができるだろうが、そもそも日本人の大半がワクチンを接種していれば、その時点で感染はかなり落ち着くだろうから、老人は無理してワクチンを打つ必要さえなくなるかもしれない。

「ワクチン接種は若者を優先に進めます」なんていうことになれば、多くの老人たちは「自分たちを見捨てるつもりか！」などと怒りだすに違いない。しかし、実はそっちのほうが「お年寄りの命を最優先に守る」ための配慮としては正しいのではないかと僕は思う。

多くの人は、ワクチンは自分のために打つと思い込んでいるが、本当は集団免疫を獲得するため、すなわち社会のために打つものだということを忘れてはいけない。

政策はグダグダでも日本人の死者が少ない理由

ＢＣＧの予防接種を1歳未満の赤ん坊に義務付けることで国民全体に抗体をもたせようとするのだって、もともとは結核がはやって国が衰退して国力が低下するのを防ぐことが目的だった（もっとも、今は結核の治療法が確立したので多少はやったところで国力が低下することはありえず、国力の低下を懸念するなら、イエスマンばかり量産している教育のほうがよほど問題だ）。

ＢＣＧといえば、「ＢＣＧの予防接種をしている国ではＣＯＶＩＤ－19による死亡者数が少ない」というデータが出て話題になった。確かにＢＣＧ予防接種制度のないイタリアやスペイン、アメリカなどの死者数が極めて多いのとは対照的に、日本のようなBCG接種国での死者数は少ないという傾向にある。ただし、それはデータ上の数字であって、BCG接種をしていればCOVID－19になる確率が低いと証明されているわけではない。

赤ん坊用のBCGワクチンを奪ってまでBCGを受けるというバカなことをした人もいるようだが、正真正銘のワクチンの実用化を待つほうがいいのは間違いない。

BCG接種との因果関係はわからないが、いずれにせよ日本ではCOVID－19による死者数が極端に少ないことは世界からも注目を集めている。ただし、初動の早さやITを駆使した封じ込めを称賛された台湾とは違い、「PCR検査もほとんど行わないグダグダな政策にもかかわらず、死者数を抑えられているのはなぜなのか？」という意味においてである。

確かにその理由が生活習慣や医療環境の違いだけにあるとは到底思えないし、もちろん政府が講じた対策の成果などでは絶対にない。日本人には新型コロナウイルスに感染しにくい、なんらかの生物学的な理由があるのはおそらく間違いないだろう。

例えば、免疫に関連する「白血球の血液型」とも言うべきHLAの分布には、人種による差があることはよく知られているのだが、コロナウイルスの一種であるSARSに感染し重症化したHLAの型を特定した論文によれば、それは日本人にはかなり少ないタイプの型であった。実際、日本ではSARSの患者がまだ一人も出ていない。もしかするとCOVID－19に関しても、同様のことが起きている可能性はある。

また、細胞の表面にあるACE1というタンパク質のタイプによって感染確率や死亡確率が違うという国立国際医療研究センターが発表した論文もある。

新型コロナウイルスの表面にあるスパイクが刺さるのは前述のとおりACE2のほうなのだが、感染率や死亡率はACE1との関連が見られ、特定のタイプのACE1を持った人の割合が高い国ほど、人口当たりの感染者数や死亡者数が統計的には少なくなるのだという。

実際、日本にはそのタイプのACE1を持った人が多いことはわかっている。つまり、細胞の表面の特徴にも、日本での感染者数や死者数が少ない原因が隠されている可能性があるというわけだ。ただしこちらも理由は今のところ定かにはなっていない。

さらに、英国の学術誌である『ネイチャー』の2020年9月30日のオンライン版では、COVID－19による呼吸不全のリスクを高める遺伝子がネアンデルタール人からもたらされたものだという論文が掲載されていた。

この遺伝子を持つ人の割合も地域によって違いがあり、日本や韓国、中国などの東アジアにはほとんどいないようだ。一方、南アジアでは30％、欧州では6％の人がこの遺伝子を持つという。

ここからは僕の予想なのだが、東アジアでこの遺伝子を持つ人がほとんど見られないのは、明文化されてはいないものの、かつてこの地域でCOVID－19に似た感染症が猛威を振るい、多くの死者を出したという出来事があったのではないだろうか。

つまり、この遺伝子を持つ人はほとんど死に絶えてしまい、持たない人だけが生き残った、いい意味での「後遺症」として、東アジアにはCOVID－19を重症化させる遺伝子を持つ人が少ないとも考えられるのだ。そのおかげで、日本人の重症者が少ないとしたら、コロナウイルスで亡くなった祖先に感謝しなけりゃいけないね。

逆に南アジアやヨーロッパでこの遺伝子がなくならないのは、昔流行した別の感染症に対して抵抗性を持っていたからなのかもしれない。

喫煙は本当に重症化のリスク要因なのか？

タレントの志村けんが2020年3月にCOVID－19で亡くなったとき、志村けんがかなりのヘビースモーカーだったことが重症化の原因のひとつではないかとさかんに指摘されていた。

発表された多くの論文や論説を読んでも、喫煙者は重症化リスクが高いという見解が圧倒的に多かったので、僕もそうなのだろうなあと思っていたのだけど、調べてみると有力な反証データもある。

フランスのピティエ・サルペトリエール病院の研究チームが行った軽症者139人を含むCOVID－19患者482人を対象に実施した調査によると、喫煙者の割合はわずか5％で、一般的なフランス人の喫煙率約35％に比べて極端に低かったのだという。

中国やアメリカからも同様の調査結果の報告があり、喫煙は新型コロナウイルスの感染を阻止する効果がある可能性すら囁かれ始めているのだ。

その機序はまだ正確に解明されていないが、ありうる仮説としてはタバコに含まれるニコチンが新型コロナウイルスの受容体となるACE2をマスクして、コロナのスパイクの侵入を阻止していることが考えられる。

つまり、mRNAワクチンがウイルスのスパイクという「鍵」をつぶす抗体をつくり出すのに対し、ニコチンはヒトの細胞にある「鍵穴」のほうを塞いでその侵入を防ぐというわけである。

フランスではすでにニコチンを感染予防にするための研究も始まっているというから、一笑に付すような話ではないと思う。もしこれが本当なら、わざわざ喫煙する必要はないにしても、今タバコを吸っている人はコロナが落ち着くまでは無理に禁煙する必要はないのかもしれない。

僕はもうタバコは吸っていないし、タバコを吸ったほうがいいと言うつもりもない。実際のところは、やっぱりタバコは感染リスクを下げないのかもしれないし、タバコと感染リスクはあまり関係ないのかもしれない。ただし、WHO（世界保健機関）や禁煙学会は、禁煙を推奨し続けている手前、禁煙の効果に疑問が生まれるような反証データは無視することだけは覚えておいたほうがいい。

リスクゼロなどありえないのだからほどほどに

「コロナが落ち着いたらまた会おうね」というのはもはや定番のあいさつになっているが、いずれ落ち着く日が来るにせよ、いったいそれがいつになるかは誰にもわからない。

そう考えると、今を楽しみたい老人としては、いつくるともわからない「アフターコロナ」に過剰に希望を託すより、多少の不便は許容しつつ、「ウィズコロナ」をどう過ごすかというのが大事なテーマになってくる。

多少の不便というのは、言うまでもなく「感染対策を講じながら毎日を過ごす」ということだ。

例の緊急事態宣言の頃に比べると、気が緩んでいる人は明らかに増えたと思うが、それも仕方がないことだ。緊張状態なんて、そう長く続けられるはずがない。

亡くなった親父に戦時中の話を聞いたことがあるのだが、戦争というものに慣れてしまうと、B29が飛んできてもいちいち防空壕に逃げることはなくなったと言っていた。それからすれば、COVID－19の予防対策が時間とともにいい加減になってしまうのも当然だろう。

感染者が極端に増えているときは嫌でも家でおとなしくしているほうがいいのは間違いないが、そもそもリスクゼロなどはありえないし、経済を回す必要性を考えても、あるいは深刻なコロナうつを予防するためにも、過剰に心配せず基本的にはほどほどの防衛策を心がければ十分だと思う。

感染が成立する最小のウイルス数を最小感染量というが、胃腸症状を呈するノロウイルスの最小感染数は約100個と非常に少ないので、家族の誰かがかかった場合は家族全員に広がることが多い。しかし、COVID－19の場合は、同じ屋根の下で暮らしていてもうつらなかったというケースもあるし、1000個程度でも感染は成立せず、1万個を超えたあたりから感染するのではないかと僕は予想している。

状況に応じた「ベスト」を考える

最小感染量が極端に少ないわけではないCOVID-19に関していえば、マスク着用やこまめな手洗いや手指の消毒などは欠かさないとして、いわゆる「3密」と呼ばれる場所をなるべく避けるとか、やむをえず行くにしてもそこにとどまる時間をなるべく少なくするといったことを心がけるだけで感染リスクは減らせると思う。

大きな声でしゃべったり、大声でカラオケを歌ったりすれば当然リスクは高まるだろうし、大勢が至近距離で集まって3時間も4時間も飲んだり食ったりするのもさすがに避けたほうがよさそうだが、感染している可能性は低いと思われる者同士が2～3人で1時間くらい一緒に食事をするくらいならリスクはさほど高くない。

まだまだ終わりが見えない以上、老人だからといってひたすら家に閉じこもっているだけではストレスが溜まる一方だし、そのせいで別の病気になってしまう危険さえある。

要するに浴びるウイルスの総数をできるだけ減らせばいいのだから、よほど危険な状況でない限り、家から一歩も出ないといった極端なことをする必要はないと思う。

日本人というのは、人を避ければ感染しないが、人に会えば即感染する、みたいに極端に考える人が多い。また、ひとたび誰かに会ってしまえば1時間しゃべるのも3時間しゃべるのも変わらない、などとヤケを起こせば感染する確率は高くなるが、それは3時間もしゃべり続けたせいであって人に会ったせいではない。対面との距離を取って1時間で終わらせれば、明らかにリスクは下がるのに、なぜかそこには気づかない人が多いのだ。

また、どうしてもみんなの前でカラオケを歌いたいとか、どうしても人気のスポットに行きたいなど、あまりにもひとつの理想や願望に執着しすぎるのはやめたほうがいい。

同じカラオケでも一人で歌うだけなら安心だし、出かけるにしても公共の交通機関を使って人がわんさかいる観光地に出かけるのではなく、自分の車で人出の少ない場所に行くのならたいしたリスクはない。

僕も緊急事態宣言が出て自粛ムードの頃は、うちから歩いていける裏山に虫採りに行っていた。本当は台湾や屋久島まで虫採りに行きたかったが、これぱっかりは仕方がない。

裏山でだって、ときどき「これは！」というものが採れて、それなりに面白いのだ。状況に応じて自分自身の最大限の楽しみを見つけることが、コロナ禍に負けない心がけなのだと思う。

「無謬性《むびゅうせい》の原則」で一向に増えないPCR検査

状況に応じてやり方を変える必要があるのは国も同じである。

今回のコロナ禍であらためてわかったことは、国は首尾一貫性の呪縛に縛られ、状況に応じた対応がまったくできないということだ。

感染拡大の初期の段階でCOVID－19を慌てて指定感染症にしたせいで、感染者をすべて病院に収容しなければならないことが建前になり、結果的に重症者のベッドが足りないなどと騒ぐ事態になった。ＰＣＲ検査を受けることを躊躇する人が後を絶たないのも、いざ陽性ということになれば、指定感染症という過度な扱いをされるせいだと思う。もういい加減すみやかに指定感染症から解除するほうがあらゆる意味でメリットがあると思うのだが、政府は最初の決定を変える気配はない。これも〝首尾一貫教〟のなせる業であると思う。

また、日本は不思議なくらいＰＣＲ検査に消極的な国だ。無症状の人から感染するというＣＯＶＩＤ－19のやっかいな特徴を考えれば、大規模なＰＣＲ検査を実施して、陽性の人は陰性になるまで自宅や病院にとどまるということを徹底すべきだ。誰が陽性で誰が陰性なのかもわからぬまま、みんながいっしょくたに行動しているうちは収束などありえない。

ＰＣＲ検査は精度が１００％ではないため、闇雲に検査をすればするほど「偽陰性」や「偽陽性」の人が現れて社会が混乱するという言い分があるようだ。確かに感染者が圧倒的に少ない段階でやるのであればそれも一理あるのだが、感染者が一定以上に増えた場合は、やるほうが明らかにメリットは大きい。

臨床検査の検査精度には「確度」と「特異度」があり、確度とは「真の陽性者のうち正しく陽性と判定される割合」である。現状のPCR検査では70％くらいだと言われている。つまり、30％の人は本当は陽性なのに陰性と判定される。これが「偽陰性」である。

一方、特異度とは「真の陰性者のうち正しく陰性と判定される人の割合」で、PCR検査の現状は99・9％と推定されている。この場合、0・1％の人は本当は陰性なのに陽性と判定されてしまう。これが「偽陽性」だ。

今のPCR検査で、事前確率（検査対象者のうちどのくらいが真の陽性者であるかという予測値）が1％として、1000万人を検査すれば、本当の陽性者10万人のうち7万人が正しく陽性と判定され、残りの3万人は本当は陽性なのに陰性と判定される「偽陰性」者となる。

そして、本当の陰性者990万人のうち989万人は正しく陰性と判定されるが、1万人は本当は陰性なのに陽性だと判定される「偽陽性」者となる。

結果として、ＰＣＲ検査で陽性と判定されるのが１万人の偽陽性者を含む８万人で、逆に陰性と判定されるのは３万人の偽陰性者を含む９９２万人となるのである。

陽性と判定される８万人のうちの１万人は偽陽性者で本当は非感染者なのだから、真の陽性者と同様に隔離するのは人権侵害である、というのが「慎重派」の言い分だ。

しかし、これはそもそもＣＯＶＩＤ－19が指定感染症ということからくる議論であり、さっさとそれを解除してしまえば強制的に入院させる必要はなくなる。また、真の陰性者のうち正確に陰性と判定される特異度は、実際には99・９％よりも高いと僕は思っているし、検査のやり方に不備がなければ99・99％に近づけることができるはずで、偽陽性者をさらに減らすこともできるはずだ。

一方で陰性と判定された９９２万人に含まれる約３万人の偽陰性者は、本当は陽性者であるにもかかわらず自分は感染していないと信じて出歩くため、感染源となって感染を広げてしまうのが問題だという意見もある。しかし、そもそも検査をしなければ、それよりはるかに多い真の感染者も同じように出歩くわけで、こちらのほうが感染リスクが高いのは火を見るよりも明らかではないか。

つまり、これらの主張はまったく合理的ではない。感染が広がり始めた頃、オリンピックの開催を優先し、感染者数を低く見せるためにでっちあげた「PCR検査をやらない理由」を翻したくないがゆえに、しどろもどろな言い訳をしているにすぎないわけだ。

政府や官僚が、間違いだとわかっても改めないことを「無謬性《むびゅうせい》の原則」と呼ぶ。ある政策を成功させる責任を負った者は、その政策が失敗したときのことを考えたり議論したりしてはいけないという原則である。なんともすごい原則だが、日本の行政を見る限りほとんどの公的組織はこの原則に忠実なように見える。

検査を増やさずにGoToキャンペーンを推進する異常

PCR検査が進まないもうひとつの大きな原因は、厚生労働省の利権であろう。

行政は内務省、教育は文部省という明治の初頭に決められた縄張りがあり、疾病対策は内務省にルーツを持つ厚労省が担当し、大学医学部や研究機関を統括する文科省は介入しないという暗黙のルールが150年近くたった今でも延々と守られている。そのため、COVID-19のPCR検査は厚労省の所管で、文科省の介入を許さないというおかしなことになっている。

PCR検査ができる装置のなかで最も性能がよいのは、24検体を約3時間で一度に検査できる完全自動PCR検査器である。24時間稼働させれば192検体、さすがに24時間は無理として半分の12時間でも100検体近くを検査できる。日本のメーカーが開発した機器だが、フランスなどでも非常に高い評価を得ているのだという。

一台2000万円くらいするそうで、10台買えば2億円、100台買えば20億円、1万台買えば2000億円だが、GoToキャンペーンの予算は1・7兆円だからそれに比べれば8分の1以下である。1万台を日本全国に配備すれば、半日稼働させるだけで、一日に100万検体の検査ができる。この規模で検査ができれば、いつでも誰でも好きなときに検査ができる可能性は高いだろう。

それができないとしても、分子生物学研究の必須アイテムであるPCR検査装置は、文科省の所管の理化学研究所や大学の医学部、理学部などの研究室なら相当数所有している。検査にかかる費用以外にも研究費を特別に配分するといえば、よろこんで検査を請け負ってくれるはずだ。そうすれば、民間の検査機関に回すまでもなく、かなりの検査件数を稼ぐことができるだろう。実際ＰＣＲ検査を行う用意があると表明した大学もあったようだが、厚労省がそれを受け入れたという話は聞かない。

ＰＣＲ検査をむやみに増やすと保健所がパンクするという難くせだって、保健所を通さないで検査できるシステムにすればすぐに解決する。それでも、ＣＯＶＩＤ－19対策を独占したい厚労省は、文科省が前面に躍り出て脚光を浴びると、予算の配分やそのほか自分たちの省益が脅かされるので、何としてもこれを阻止したいわけだ。

かといって、厚労省傘下の病院などのＰＣＲ検査のキャパは限られているので、御用学者に「ＰＣＲ検査を増やすのは無意味」などと喧伝させているのだと僕には思えてならない。

ＰＣＲ検査が簡単に、そして高いお金を払うことなく受けられるようになれば、ＧｏＴｏキャンペーンをやるにしても、補助金をもらって旅行に行きたい人は事前にＰＣＲ検査を受けて陰性証明書を提出するというシステムにすることもできる。そうすれば、行くほうも迎えるほうも今より多少は安心だろうし、何より感染の拡大はずっと抑えられるはずだ。

何の対策も立てずにＧｏＴｏキャンペーンだけを推進した神経は異常としか言いようがなく、11月になって第３波に襲われることになったのも、気温が下がったことだけが原因ではないと思う。

医療崩壊の原因は感染者増だけではない

感染拡大の第３波が到来し、医療崩壊の問題が三たびクローズアップされているが、医療崩壊が起こるとすれば、厚労省が近年ずっと全国の病院のベッド数を減らすことに腐心してきたことにも原因があると僕は考える。

２０１５年に掲げられた目標では、２０２５年までに最大で15％減らす予定だったようだ。具体的には重症患者を集中治療する高度急性期の病床を13万床、通常の救急医療を担う急性期の病床を40万床、それぞれ３割ほど減らす方針が立てられていた。

そしてこの方針に沿って、毎年病院が統廃合されて病床は実際に減っている。

そんなことをする目的は、経済効率を優先するという一点だ。

確かに稼働しないベッドを維持するにも経費がかかる。だからその数をギリギリまで減らせば経済効率はよくなるだろう。しかしそれは平時に限った話であり、今回のような有事に対応することはできない。

多くの野生生物の個体群には、種の存続の役に立たないように見える個体がけっこういる。また、一般的に昆虫類は膨大な数の卵を産むが、ほとんどが親にはなれず、繁殖に関与する前に死んでしまう。もっと効率的なやり方をすればよさそうだが、無駄がないと有事の際に余裕がなくて絶滅してしまう可能性が高くなるためだろう。

『働かないアリに意義がある』(長谷川英祐著/中経の文庫)という本の中に、わき目も振らずに働いているように見えるアリやハチの7割はあまり働かず、1割は一生働かないという話が書かれていた。そんなの無駄の極みのようであるが、この働かないアリこそが、有事のセキュリティ装置として巣の存続に役立っているのだろうと著者は推測していた。

救急医療はほかの産業と違って人の命がかかっているのだから、経済効率第一主義を適用するのは間違っている。一見無駄に思えることを維持しておくのはいざというときのために、とても大事なのである。

「最適なシステム」などと標榜しても、今現在しか見ていないものは、状況が少し変わっただけで対応不能に陥ってしまう。さらには、政権に近い仲間に対する利益誘導の政策に固執し、首尾一貫性の呪縛にとらわれ、「無謬性の原則」にも忠実に従うという政府の体たらくでは、時事刻々と変化する敵（新型コロナウイルス）のコントロールなど不可能に近い。

深く考えることなくそんな権力の言いなりになるのは、COVID‐19が猛威を奮うなか、人混みでマスクを外すよりも危険なことだと思う。

第2章

老人だからこそ「今」を楽しむ

どんなに心配しても人はいずれ死にます

何歳から「老後」なのか？

「老後」と聞いてイメージするのは、55歳で定年を迎えたあと、ひたすら毎日大好きな釣りに出かけていた叔父のことだ。当時まだ子どもだった僕にとって、55歳を過ぎた叔父はりっぱな「おじいさん」で、55歳まで頑張って仕事をすれば、「老後」は好きなことをして生きていけるのだなと思っていた。

しかし、1994年の法改正（高年齢者等の雇用の安定等に関する法律）で、1998年からは60歳未満定年制が禁止された。その後、2012年には改正高年齢者雇用安定法が成立し、定年を迎えても本人が希望すれば、65歳まで継続雇用することが企業に義務付けられた（施行は2013年4月）。公的年金の支給開始も段階的に引き上げられ、昭和36（1961）年4月2日以降生まれの男性、昭和41（1966）年4月2日以降生まれの女性は全額65歳からの支給となることがすでに決まっている。

これらの状況に鑑みると、65歳以降あたりを「老後」と呼ぶのが昨今の社会的な感覚なのかもしれない。

一方で、個人的な感覚としての「老後」、つまり自分を「老人である」と自覚する年齢は人それぞれのようだ。60歳になった瞬間から「ああ、いよいよ自分は老人になったのだな」と考える人もいれば、80歳になっても老人と呼ばれるのを嫌がる人もいる。

ただ、ある年齢に達したときにそのときの自分がどのように感じるかは、実際にその年齢になってみないとわからない。

今から20年ほど前、友人で解剖学者の養老孟司を誘い、当時、勤めていた山梨大学の教え子たち数人と一緒にベトナムの田舎に虫採りに行った。そのとき、宿の裏手の畑でせっせと虫を探すベトナム初心者の養老さんの姿を見て、すでに何度もベトナムを訪れてその畑にはたいした虫がいないことを知っている私たちは、「裏の畑の養老さんは、今年60のおじいさん。年は取っても虫採るときは、元気いっぱい網を振る」なんて歌いながら笑っていた。

当時50歳そこそこだった私からすれば、60歳の養老さんは立派な「おじいさん」だったので若い人たちと一緒になって笑っていたのだが、いざ自分が60歳になったときには、「なんだこんなものか」と拍子抜けした。自分が想像していた60歳のイメージとは大きく異なり、心身ともに衰えたという感覚はなかったからだ。

もちろん若い頃と同じではないものの、「若くはない」ことと「老人」は、イコールではない。僕も「もう若くはないのだな」とは薄々感じていたけれど、だからといって「老人」に足を踏み入れたという実感はまったくなかった。もしも20年前の養老さんのように年寄り扱いされるようなことがあれば、かなり心外な気分になったに違いない。そう考えると、あのとき養老さんには悪いことをしたな、と思う。

その後、65歳を超えても年を取ったという感覚はあまりなく、「なんだ、年を取るったってたいしたことねえな」と思っていた。

ところが、70歳で早稲田大学を退官してしばらくたった頃から、「若くはない」ではなく、「ああ、年を取ったなあ」というふうに感じることが増えてきた。虫を捕まえようにも追いつけず、逃げられてしまうことが増えたのだ。

山に登るときも長い階段を見るとうんざりするようになった。登山口で杖が貸し出されているのが目に留まり、一緒に行ったカミさんからの「途中で絶対邪魔になるから」という忠告を聞かずについ手を出してしまったこともある（結局、やはり邪魔になり、カミさんの言うことを聞いておけばよかったと後で後悔したのだが）。

さらに73歳になった今年はコロナ禍で外出もままならなくなり、ぐーたら過ごしていることでさらに体が衰えてしまったような気がしている。もちろん、それでも80になったときに振り返れば（生きていればの話だが）、「あの頃はまだまだ若かったなあ」と思うのだろうが、いずれにしろ僕はすでに「老後」を生きているのだと認めるほかない。

そもそも人の寿命は38歳

少し前まではみんなぴんぴんしていた同世代や少し上の世代の友人たちからも、同様の声が聞かれるようになってきた。ここから先は「今より元気になる」ことは期待するだけ無駄で、現状維持なら万々歳といったところだろう。

それは確かに切ないが、これぱっかりは仕方がない。もうこうなったら老いゆく体とだましだましつきあっていくしかないだろう。

実は少し前に柵を乗り越えようとして膝を痛めて以来、ずっと痛いままなのだが、まあ歩けないわけではないし、自分の年を考えればこんなもんだと割り切っている。

今でこそ80歳や90歳まで生きるのは当たり前（公表されている２０１９年の平均寿命は男性81・41歳、女性87・45歳）だが、１９５０年代の日本人の平均寿命は60代だったし、１９００年は44歳である。それより前の江戸時代は30代で、もっと昔の縄文時代は15歳くらいだったといわれている。

寿命に関与する遺伝子の発現を制御している領域の「ＤＮＡメチル化」（どの遺伝子を使い、どの遺伝子を使わないかを決めるエピゲノムの変化）を調べて算出された人間の「自然寿命」は38歳である。同様の方法ではじき出されたアフリカゾウの寿命は65歳、ピンタゾウガメは１２０歳であり、これはゾウやカメの実際の寿命とほぼ一致している。ちなみに最も長寿な哺乳類であるホッキョククジラの寿命は２６８歳と推定された。

つまり、人間という動物は、本来であれば38歳くらいまでしか生きられないのだ。

生物学的には35〜40歳くらいで死ぬことになっているのである。医療も発達し、栄養状態が極めて良好なこの時代を生きるという幸運に恵まれたおかげで、老化のスピードがやや遅くなったにすぎないのだ。この章の冒頭に書いた毎日釣りに出かけていた叔父が55歳で定年を迎えた頃の本人の感覚は、心身ともに今の僕と同じようなものだったのだろう。

とはいえ、老化自体を止めることは今のところ不可能なので、人間本来の寿命（38歳）の2倍も生きれば体のあちこちにガタが生じるのは仕方がない。しつこくそれに抗うことに余計なお金と時間を使い、食事や運動に気を使ったところで、劇的な効果があるとは思えない。むしろ多少の不便は当然なのだと割り切ってしまうほうが、明らかにストレスも少なく、結果的にはそちらのほうが健康にいいこともある。

人間の寿命はどれだけ延ばせるのか？

最近は１００歳以上生きる人も珍しくないし、医療の発達は日進月歩だし、このままうまくいけば120歳くらいまで生きられるようになるのではないかと期待する人もいるだろうが、現実はそう甘くない。平均寿命は確かに延びているのだが、「最大寿命」は頭打ちなのだ。

本書執筆時点での世界の歴代長寿記録は、フランス人女性ジャンヌ・カルマンさんの122歳164日で、第2位はアメリカ人女性のサラ・ナウスさんの119歳97日だ。それなりに長い人間の歴史の中で、120歳を超えたのは実はたった一人だけなのである。

しかも、カルマンさんは1997年に亡くなっているので、彼女の記録は23年も破られていないことになる。ナウスさんも1999年に亡くなっており、また存命中の最高長寿である田中力《カ》子《ネ》さんはまだ117歳なので、カルマンさんの記録を抜くとしてもあと5年かかる。

医療の劇的な進歩のなかで30年近く最高齢が更新されていないとなると、やはりこのあたりが人間の寿命の限界なのだろう。なお、男性の場合、最長寿記録は2013年に亡くなった木村次郎右衛門さんの116歳54日なので、さらに望み薄である。

一方で１００歳以上の「センテナリアン」は確かに珍しい存在ではなく、存命中の日本人だけでも8万人を超えている（２０２０年9月１日時点の「住民基本台帳」による）。

しかし、「スーパーセンテナリアン」（１１０歳以上）となると、一気に状況が変わってくる。存命中のスーパーセンテナリアンの日本人は５７９人と、一気にその数が絞られる。さらに１１5歳以上生きた人となると、他界した人を含めても日本には12人、世界でも53人しかいない。相当に狭き門なのである。

そう考えると、１２０歳はおろか、１１5歳以上生きるのさえ奇跡に近く、１１０歳あたりがかなり恵まれた最終到達地点だと考えるのが現実的なのかもしれない。

結局、長生きできるかは「運」次第

ただし、それは人間の寿命というものをマクロで見た場合の傾向にすぎず、その人個人がどれくらい生き永らえるかは、生まれ持った遺伝子の組み合わせが大きくかかわっている。

遺伝子の組み合わせは無数にあり、かなり適当に生きても驚くほど長生きできる極めて恵まれた遺伝子の組み合わせの人もいれば、どれほど丁寧に生きても短命という運命に抗えない遺伝子の組み合わせの人もいる。もちろん、遺伝子情報の出現には生活習慣も影響するが、より影響が大きいのは長寿にかかわる遺伝子的な要因である。

イスラエルの研究チームが95歳以上の高齢の独り暮らしのアシュケージ（東方ユダヤ人）477人（うち75％が女性）の生活習慣を調査した結果、定期的に運動している人の割合は43％だったという。これは、一般的なイスラエル人（同世代の3164人で調査）の57％より低い。また、男性のうち毎日飲酒する人の割合は24％と一般人の22％よりやや高かった。

つまり、運動が健康によくて飲酒が健康に悪いのだとしたら、彼らの生活は一般人よりむしろ〝不健康的〟だと言える。それにもかかわらずアシュケージが長寿であるのは、遺伝的な要因のおかげなのだろう。

また、肺がんになりやすいかどうかは、タバコを吸うか吸わないかより、肺がんから身を守る方向に遺伝子が働くか否かによって決まる部分のほうが圧倒的に大きい。禁煙することで肺がんを予防できるタイプの人も確かにいるだろうが、一方で禁煙しようがしまいが肺がんを発症する確率はたいして変わらなかったり、ヘビースモーカーであっても肺がんになる確率が低いという恵まれた遺伝子の組み合わせの人もいるのだ。

いわゆる「健康的な生活」というのは、当たるも八卦当たらぬも八卦みたいなものである。あるいは、自分にも効くと信じて試していると、なんとなく効いたような気がするプラシーボ効果のようなものかもしれない。いろいろ試していれば、その中のどれかがうまく作用することはもちろんあるわけだから、そのおかげで寿命が多少延びることもあるだろう。しかし、場合によっては逆効果ということもある。

ものすごい効き目があるかのように散々煽る健康食品などの広告の端っこに「効果には個人差があります」とか「体調がすぐれない場合は使用を中止してください」などの文言が、老眼では対応できないくらいのものすごく小さな文字で書かれているのはそのせいである。

いつも健康に気をつけていても早死にする人がいる一方で、毎日酒やタバコを欠かさずにいて長生きする人もいる。前者にとっては納得がいかないことだろうが、これぱっかりはどうにもならない。

僕の知り合いに胃がんを患い50代で亡くなってしまった人がいる。実はその人の父親と兄も40代のときに胃がんで亡くなっていた。その知り合いは、自分は胃がんの家系だからといってタバコも酒もやらず、胃に優しいものだけを食べ、ちょっとでも焦げているものは絶対に口にしないなど、健康には相当気を使っていた。自分の父親と兄より少しだけ長生きできたのは、そのおかげだったのだろうとは思う。

しかし、逆にいえば、とにかく健康を最優先に過ごしたにもかかわらず、たった10年足らずしか寿命を延ばせなかったのだ。きっとやりたいことを我慢したことだって多かっただろう。それを思うと、なんともやりきれない気分になる。こう言っては身もふたもないが、結局は「運」なのだなと思う。

別の知り合いは、自分は40代で死ぬ家系だからといって、半ばやけくそのような生き方をしていたが、40代どころか32歳という若さで死んでしまった。暴飲暴食、過度な運動、栄養失調、ストレスを溜めるなどの極端にひどい状況が続けば、遺伝子に決められた本来の寿命さえ全うできなくなるということだろう。

ホッキョククジラになれば長生きできる

デビッド・A・シンクレアというアメリカ人の科学者が書いた『LIFE SPAN 老いなき世界』（東洋経済新報社）という本がベストセラーになっているそうだ。「老化といっても遺伝子そのものが老化をするわけではない。だから長寿にかかわる遺伝子を常に活性化できれば、老化はしない」というのがこの著者の主張のようで、本の中では長寿遺伝子（サーチュイン遺伝子）を活性化させる方法についても言及されていた。

その根拠となる多くの検証結果ももちろん示されてはいるが、それらはあくまでも酵母やマウスを対象とした実験によって得られたものである。似たようなことが起こる可能性はそれなりに高いものの、すべてがそのまま人間に当てはまるという保証はない。

そもそもの問題は、還元主義的思考（個別の要素を解明すれば、複雑な物事全体が理解できるとする考え）を前提にしたこの本の著者が、遺伝子の働きをあまりにも単純に捉えている点だ。

ひとつの遺伝子はひとつの働きだけを担っているわけではないし、ある遺伝子の働きが極端に活性化されたり、もしくは抑制されたりすることで、ほかの遺伝子の働きに影響を及ぼすこともある。ゲノム編集などによって都合よく遺伝子を組み合わせたつもりが、相互作用で悪いほうに作用するといったことは頻繁に起こりうる。人間の体というのは複雑なネットワークシステムで成り立っているので、必ずしも１＋１が２になるわけではないのだ。

仮に長寿遺伝子を活性化させることに成功したとしても、それがきっかけで別の遺伝子の働きが活性化もしくは抑制されて、なんらかの病気になるリスクを高める危険性もある。そうなればたとえ老化はしなくても、致死率の高い病気になる可能性も出てきて、結局早死にすることになりかねないのだ。

相当な楽観主義者だと思われるこの本の著者は、老化を抑制すれば寿命も延び、先のジャンヌ・カルマンさんの122歳という長寿記録も、今しがた生まれた子どもが中年になる頃にはトップ100にすら入らなくなるのではないかと期待しているようだ。

しかし、それはありえないと僕は思う。与えられた寿命の限界まで生き延びることと、そのリミットを超えて生きるというのはまったく別の話だからだ。

1つか2つの遺伝子を活性化したくらいでそれが叶うことはなく、どうしてもそうしたいのであれば遺伝子のシステムを根本的に変えるしかないだろう。それは「種」を変えるということ、つまり人間をやめて、例えばホッキョククジラのような別の動物になるということだ。

ヒトの遺伝子が持つ寿命の限界を超えて生きるというのは、人間というシステムを維持したまま空を飛んだり、100メートルを3秒で走ることと同じくらいありえない話だと思う。

「老いなき世界」は幸せなのか？

寿命の限界を延ばすのは無理だとしても、体が衰えることなくずっと元気なまま寿命を全うするというテーマ自体は確かに魅力的ではある。

実はそのような「老いなき世界」をすでに手に入れている動物がいる。アフリカのソマリア半島に棲む「ハダカデバネズミ」だ。体長10センチほどの小さなネズミで、70～80匹単位の群れをなし、土の中で生息している。

名前が示すとおり、ハダカ（無毛）で出っ歯の、まあお世辞にも麗しいとは言えないネズミなのだが、なんとこのネズミは年を取っても一切老化しないのである。

そもそも老化とは、主に血管機能の経年劣化によって体にさまざまなガタがくる現象なのだが、ハダカデバネズミの血管は年を取ってもほとんど劣化しないのだ。無酸素状態に20分近くさらされたとしても、大きなダメージを受けることはないという驚異的な生命力を持ったネズミなのだ。

さらにがんに対する耐性が極めて高く、野生のハダカデバネズミでがんを発症した個体はこれまで一切見つかっていない。人間よりはるかに多いがん抑制遺伝子を持つゾウはがんを発症しない動物として有名だが、ハダカデバネズミは人間ともゾウとも違う種類のがん抑制遺伝子を持っていると考えられている。体内で産生される高分子ヒアルロン酸の量がとりわけ多いことや、基本的に土の中に棲むことで紫外線のダメージから守られていることも、がん抑制にポジティブに働いている可能性が高い。

老化もせず無酸素状態に陥っても死なないので、普通のネズミの寿命が1~2年なのに対し、ハダカデバネズミはなんと30年に及ぶという。老化しないということは、おそらくそのときがきたらパタリと電池が切れるように命が果てるということだろう。

これはまさに多くの老人が夢見る「ピンピンコロリ」の逝き方ではないか。

こんな夢のような話を人間がほっておくはずはなく、ハダカデバネズミの老化やがんに対する耐性のメガニズムの解明はすでに研究対象となっているようだ。

ただ、「老いなき世界」が実現するとしても、認知機能も同様に維持されなければ意味はない。また、その問題がクリアされたとしても、100歳を超えても老いることなくピンピンしている年寄りがわんさかいる世界が、果たして健全なのだろうか。

秦の始皇帝が不老不死の薬を求め続けたというのは有名な話だが、年寄りがいつまでたっても第一線を退かないとなると、若い人の活躍の場は制約され、ずっと抑圧され続けることになる。政治家が今以上に老人ばかりになれば、権力はますます固定化される。新陳代謝が滞る社会が幸せだとは、僕には到底思えない。

社会のためを考えても、人間はほどほどに老いていくくらいがちょうどいいのだ。

「今を楽しく生きる」のは老人の特権だ

たいした根拠はないのだが、僕自身の寿命は90歳あたりかなあとぼんやり考えている。

しかし、自分が死ぬことを考えるのは、当たり前だが楽しくはない。老人と呼ばれる年齢になって、自分自身の5年先や10年先が楽しみだという人はおそらくいないのではないか。今より老いていることは確実であり、少なくとも肉体的側面から見ればお先真っ暗なのだから。

だから僕は先のことはあまり考えない。心配してもしなくても、そう遠くない未来に死ぬのは間違いないなら、うまいものを食って好きなことをして、適当に今を楽しく過ごすほうが幸せだ。そのうち体にガタがくることは避けられないだろうが、そうなったらなったで仕方がない。

若い人が病気になるのはまれだが、老人になれば周りも似たり寄ったりで、気がつけばむしろ病人のほうが多数派になる。いざわが身に降りかかってくれば、「いよいよ来たか」と多少はがっかりするだろうが、「なぜ自分だけが」という類いの落胆はしないだろうし、したって仕方がないのである。

2011年に刊行された『絶望の国の幸福な若者たち』(講談社)のなかで、著者の古市憲寿は、「『今ここ』を生きている若者ほど幸せ」だと書いている。

古市氏いわく、今の若者たちは「目の前に問題が山積み」でも「未来に『希望』なんてない」状況でも、「現状にそこまで『不満』があるわけじゃない」がゆえに、そこそこ幸せなのだそうだ。

ただ、僕に言わせれば、老人こそがあまり先の心配などしないで、「今ここ」を生きるべきだと思う。この先の日本の状況は、老人の体力と脳力並みにお先真っ暗であると僕には思われるのだが、まあそれでも、もうしばらくはぎりぎり持ち堪えられるだろう。日本がいよいよ……となる頃には、こっちの寿命も尽きているに違いない。

でも若者たちには、ほぼ確実に半世紀ほどの「未来」がある。

そういう彼らが未来の不安にふたをしたまま生きるのは、あまりにもリスクが高いと言わざるを得ない。若い人に説教をするのは僕の性分ではないが、あえて言わせてもらうとしたら、「今ここ」を生きていいのは君たちではないぞということだ。

「適当に今を楽しく過ごす」のは、老人にだけ与えられた特権なのである。

老議員に未来を託しても無駄である

そう考えると、今の日本の政治のやり方に未来を感じないのは、政治家が老人ばかりだからではなかろうか。

菅内閣の閣僚の平均年齢は59・9歳で、自民党の役員のそれは71・1歳である。ネトウヨは口を開けば「老害」と言うけれども、いちばんの老害は彼らが支持する政治家だと思う。

これは菅内閣に限ったことではなく、安倍内閣も似たようなものだった。そのせいで、自分の任期さえうまく乗り切ればそれでいいと考えているとしか思えないことの連続で、この国の20年後、30年後など、自分とは直接関係ないという本音がバカみたいに透けて見えると言っていいだろう。未来のことを考えなくていいのは市井の老人だけで、若い人と政治家は未来の日本を考えなければしょうがない。

未来の日本について真面目に考える政治家がほとんどいないというのはやはり問題だと思う。養老孟司は、参議院はエネルギー問題のような長期的なテーマを議論する場にして短期的なことは議論しないほうがいいと主張しているが、そうなったら参議院議員には例えば40歳未満など、年齢の上限を設けたほうがいいかもしれない。未来のことは当事者に任せるほうが、明らかに理にかなっている。

ただ、50年後の自分に有利な政策は何かといった利己的なことばかり考える政治家が増えたりすると、それはそれでやっぱりうまくいかないけれどね。

好きなことをして適当に過ごすのが正解

老後は、適当に今を楽しく過ごすほうが幸せだと先に書いたが、「適当」とは、「ちょうどよく合う」という意味である。

では、何にちょうどよく合わせる必要があるのかといえば、老人の場合はやはり年齢を無視できないだろう。

若い頃と同じことをすることで自分の若さを保とうとする人もいるが、はっきり言って30歳の体と70歳の体は違うし、70歳の体と80歳の体も違う。いくら運動が体にいいといっても、70歳のじいさんが年齢に抗おうと意地になって自分が30歳のときと同じ運動量をこなそうとするのは、生物の道理からしてもむちゃな話である。

もちろん個人差もあるだろうが、一般的にはこれくらいの年齢になると運動して気持ちがいいという爽快感より、くたびれたという疲労感が強くなるのは当たり前なので、やはりほどほどを心がける必要があるだろう。

しかし、人というのは一度いいと思ったことは一貫してやり続ける傾向があるようだ。

毎日3キロのジョギングをすると決めたら、真面目な人ほどそれを守ろうとする。若い人は日々体力がついていくかもしれないが、老人の場合は体力の衰えのほうが顕著なので、同じ距離を走れば体にかかる負荷は日々強くなっていくということだ。それなのに何がなんでも3キロ走り続けるなんて、体にいいわけがない。早死にするとしても走り続けたい、というのならともかく、もしも健康のために走っているのであれば本末転倒である。

病気の治療にしたって、50歳のときと70歳のときでは対処法が違う。

僕の親父は70歳のときに股関節症を発症して、痛みのせいで歩行が困難になり、セラミックの人工股関節への置換手術を受けた。それによって普通の生活が取り戻せたので本人も喜んでいたのだが、人工股関節自体の寿命は10年くらいだと医者が言っていたとおり、やはり80歳を過ぎた頃からまた痛みが出るようになってしまった。

そうなると、再置換手術が必要になるのだが、親父の年齢を考えるとそれがベストだと僕には到底思えなかった。それでも、親父はもう一度手術をすると言い張った。

70歳のときの「成功体験」は、その時点で10年以上年を取っているという自覚よりもはるかに強力だったのだ。僕は「股関節の寿命は尽きているのだから、もうこの先は車いすに頼ったっていいじゃないか」と内心思っていたのだが、親父と丁寧につきあっていたわけではなかったので、意見をすることはできなかった。

結局、親父は83歳で手術を受けたのだが、術後に耐性菌に感染し、そのまま床に伏してしまった。せっかく人工股関節の再置換をした（こっちの手術は成功したと医者は言い張っていた）というのに、最後まで一度も立ち上がれないまま4年後に死んでしまった。手術をしなければ車いすに頼る生活にはなっただろうが、もっと長生きできたのではなかろうか。

もちろん、90を過ぎてから手術をしてもピンピンしている人は実際にいるが、そうはいっても高齢になってからの治療や手術は慎重になるほうがいい。高齢になればなるほど、「治療や手術をしたら余計に具合が悪くなる」危険は高くなることを肝に銘じておくべきだ。

高齢であることのリスクを軽視して、「治療や手術をすれば今よりよくなる」と能天気に言ってくるような医者には気をつけたほうがいいだろう。仮に60歳でうまくいった治療だったとしても、70歳や80歳でもうまくいくという保証はないのだから。

未来のために生きてはいけない

そういうことを言うと、病気になっても治療や手術に耐えられる体力づくりを今から始めようと考える人がいるかもしれないが、そもそもあるのかないのか疑わしい「未来」のために「今」を犠牲にするのはバカげていると僕は思う。

いくら寿命が延びたとはいえ、老人の未来がどれだけあるかはわからない。そんなあやふやな未来のことばかり気にしていると、今を心から楽しむことができなくなってしまう。「長生き」にばかり照準を合わせ、やりたいことや食べたいものを我慢したり、健康にいいからとやりたくもないことにせっせと励んだり、好きでもないものを無理やり食べたりするのは、貴重な余生のおおいなる無駄遣いである。

もちろん「今を楽しく生きる」というのは、未来の存在を無視した「今さえよければいい」という生き方とは似て非なるものだ。どうせ死ぬのだからむちゃくちゃやればいいと言ってるわけではない。どうせ死ぬのだからむちゃくちゃでいいというのは、どうせ散らかるのだから掃除も片づけもしなくていいというのと同じ理屈である。

僕が言いたいのは、あやふやな未来を「ある」と決めつけることで生き方が窮屈になってしまうのなら、そこはあるがままにぼんやりと捉えたうえで、今を楽しみながら生きるのがいいということだ。どうせ死ぬにしたって、確実に「今」はある。だからその「今」を大事に生きるほうが絶対に得なのである。

老人にとってあやふやな未来は同時に希望でもある。あやふやだということは、明日ぽっくりいく可能性も、20年後にピンピンしている可能性も、両方あるのだ。

だからといって「20年後もピンピンしていること」のほうに比重を置いてしまうと、それに至るまでの20年を20年後のために生きなくてはならなくなる。70歳を過ぎた老人が、この先20年も生きることを目標にすれば、節制の必要性も感じるだろうし、さらにはあと20年生きるための生活費に頭を悩ませることになる。

でも、20年後という呪縛から逃れられれば、楽しい今を積み重ねることができる。

今日おいしいと感じるものを食べ、今日楽しいと思えることをやる。その一方で明日から先もなんとなく人生が続いていくことを想定しているのだから、お金はほどほどに使い、バカみたいに無駄遣いをすることもないだろう。

好きなことをやっていれば死んでいる暇はない

江戸時代の浮世絵師の葛飾北斎は88歳まで生きたといわれている。これは当時としてはかなりの長寿であり、2019年の日本人女性の平均寿命さえ超えている。しかも、ボケていなかったらしい。

北斎がすごいのは、あくなき向上心でもっと絵がうまくなりたいという情熱を絶やさず、死ぬ間際まで描き続けたということだ。彼の代表作のひとつである「富嶽三十六景」は、70代になってから描いた作品である。しかも、75歳を過ぎてから挑んだ肉筆画でも多くの傑作を残している。

彼は生涯に、なんと93回もの引っ越しを重ねたそうだ。とにかく絵を描くことだけに没頭して片づけや掃除は一切やらなかったため、足の踏み場もないほど部屋を散らかした挙げ句にゴミを放置したまま引っ越していくということを繰り返していたらしい。

今そんな生活をしていたら間違いなく莫大なクリーニング代を請求されそうだが、江戸時代は紙一枚でも資源だっただろうから、ゴミにもそれなりに価値があり、それで部屋のクリーニング代は相殺されていたのかもしれない。

そのような暮らしぶりのなかで、北斎が自分の寿命を計算して生きていたとは考えにくい。自分の好きなことをひたすらやり続けた結果が88歳だったのであり、余生を生きるという感覚はなかっただろう。死ぬ間際に残した言葉が「天が私の命をあと5年保ってくれたら、私は本当の絵描きになることができるだろう」だったそうだから、88歳にしてまだ志半ばだったのである。

73歳にして起業し、74歳にして神奈川県川崎市に「川崎水族館」をオープンさせた(2020年7月11日)、水族館・動植物園プロデューサーの坂野新也も、あるインタビューで「今はまだスタート時点です」と語っていた。たとえ人生の終盤であっても、いや終盤だからこそ、日々の楽しみや「生きがい」を生み出すのはこのような「継続性の意識」なのである。

逆に下手な達成感は若い人にはプラスに働くことが多くても、老人にはむしろアダになる可能性があるのではないかと僕は思っている。「やり遂げた」と思った瞬間からやることがなくなり、一気に老け込む危険があるからだ。

そういう意味では、僕が熱中している「カミキリムシの採集」は、まさに理想的なライフワークである。

なにせ、日本にいるカミキリムシだけで750種以上、世界に目を向ければ約5万種もいる。僕はとにかく1種でも多く採集したいと考えているから、おちおち死んでいる暇もないのである。

「めんどくさい」も長寿につながる

大事なのは、「楽しく過ごし、結果的に長生きする」ことであって、「長生きという目的のために楽しく過ごす」ことではない。

実際、とにかく楽しく過ごしていれば長寿につながるかというと、必ずしもそうではない。前述の長寿にかかわる遺伝子のスイッチを最も効果的に働かせるのは、実は適度なストレスなのである。

「ストレス＝健康の敵」というイメージがあるが、これは正しくない。現代人がストレス過多の傾向にあるのは確かだが、だからといって一切ストレスがないというのは、長寿遺伝子をサボらせることにつながるので、かえって体には毒なのである。

老後というと、「のんびりする」のが正解だと思いがちだが、寿命を延ばしたいなら、多少なりとも「めんどくせえな」と感じることが必要だというわけだ。

そう考えると、やはり仕事をするというのは、老け込まないコツのひとつであると言えそうだ。

早稲田大学は辞めたものの、僕にはいくつか仕事があり、仕事というからには当然ながら楽しいことばかりではない。正直「めんどくせえな」と感じることもある。

しかしこの、「めんどくせえな」という感覚が長寿遺伝子を働かせてくれるというのなら、決して悪い話ではない。

また、仕事をすれば多かれ少なかれ社会に貢献することができる。仕事から離れた途端、「自分はもうなんの役にも立たない人間だ」などと思い込み、すっかり塞ぎ込んでしまう老人は珍しくないが、微力ながらも誰かの役に立っているという実感さえ持てていれば、自分の存在に対する自信にもつながるだろう。

「どうせ、自分なんて」という劣等感が及ぼすネガティブな影響は、子どもも若者も、そして老人も同じなのである。

めんどくさいのは確かでも、「やらなければいけないこと」があると、不思議と将来への不安はなくなっていく。この先の病気や老化、そして死に対する不安で頭がいっぱいになるのは、ほかにやることがなく、そのことしか考えていないからだ。

国は年金の支給開始年齢をどんどん引き上げようとしているし、支給額だってどんどん減っていくのは目に見えている。どっちにしろ、働かざるをえない状況が整っていくのは間違いないだろう。散々保険料を負担させておいてどういうことだと腹立たしくなる気持ちもわかるが、人口はどんどん減っていくのだから、これはもう致し方がない。別に国の肩を持つわけではないが、ほどよく働くことによって得られるほどほどのストレスで多少なりとも寿命が延び、しかも心の健康まで保たれるのだと思えば、その点に関してはまあいいかという気がしないでもない。

ほどほど以上のストレスはもちろん体にはよくないのだから、嫌で嫌でたまらない仕事を無理に続ける必要はない。これは老人に限った話でも、仕事に限った話でもなく、何事も「ちょっとめんどくせえな」というレベルのほどほどが大事なのである。

自分が死んでも自分は困らない

近年、「終活」が大ブームだが、僕は正直、そんなものをやる人の気が知れない。なぜなら、それこそがまさに寿命から逆算して生きることの典型であり、「今を楽しく生きる」ことの対極にあるからだ。

僕にとってのそれは「死ぬほどめんどくさいこと」以外の何ものでもないが、せっせと終活に励む人というのは、根っからの整理好きなのだろうか。前出の北斎とは対照的に、ゴミを残して死ぬなんていうだらしなさが耐えられないのかもしれない。

しかし、死ぬ準備のためにただでさえ限りある時間を使い、「あとは死ぬのを待つばかり」という状況をつくり出すことの何がそんなに楽しいのかさっぱりわからないし、そんな暇があったら、まだ手にしていないカミキリムシを探す時間に充てたいと僕は思う。

そもそも「整理」というのは、その後の仕事をはかどらせるためにやることである。けれども終活には「その後」がないわけだから、整理を終えれば、すっかりやることがなくなってしまう可能性もある。やることがなくなった老人は、未来に対する不安でいっぱいになるのはすでに述べたとおりだ。

僕もここのところせっせと虫の標本作りに励んでいるので、周りの人たちは、ついに終活を始めたのかと思っているかもしれない。

しかし、僕の家には整理待ちの虫たちが、まだ数万匹もいる。しかも同時に採集を続けているので、どう考えても死ぬ前に標本作りが完成することはないだろう。これはいわば「終わりなき終活」なのであるが、そもそも終わりがない時点で終活とは言えないな。死ぬための準備がいつまでたっても整わないのだからね。

　そもそも僕の標本作りは、死ぬ準備などではない。データの整った標本を後世に残したいという表向きの理由はあるが、本当はただ単にそれを人に見せびらかしたいだけである。だから「めんどくせえな」などと言いつつも、楽しくせっせと励んでいるのだ。

　終活に励む人というのは、他人の目を過剰に気にする人に多いように思う。とっちらかったまま死ぬことをよしとせず、死んだあとも「ちゃんとした人だった」と思われたいのかもしれない。

　そうは言ってももう死んでいるのだから、褒められてもうれしくないし、けなされても別に痛くも痒くもないではないか。莫大な借金があるというなら話は別だが、多少散らかったまま死ぬくらいなら、家人や他人に迷惑をかけるといってもたかが知れている。

　僕に言わせれば、自分が死んでも自分は何も困らないのだ。

　多少とっちらかったまま死ぬことになるとしても、もはやそれは人ごとなのである。

自分の葬式のことを、死ぬ前からああでもないこうでもないとあれこれ考え、周りに指示しておく人もいるようだが、葬式のときには自分はもう死んでいる。所詮は人ごとなのだから勝手にやってくれと委ねてしまったほうがいい。

いつか僕が死んだら、残された家族は、この膨大な数の虫たちを前にどうしたものかと頭を悩ませるかもしれない。でもまあ、適当に誰かが持っていくのだろうと、ぼんやり考えている。息子たちはそれほど興味を持っていないのはわかっているが、もしかすると孫が興味を持って引き継いでくれるかもと淡い期待がないわけでもないが、死んだ後のことを考えても仕方ないので、まあ、どうでもいいか。

第3章

嫌いなことはやらなくていい

世の健康情報に振り回されたらダメです

何を食べてもたいして差はない

人間の体に必要なのは、炭水化物、タンパク質、脂肪、ミネラル、ビタミンといった栄養素である。

テレビや雑誌では「この食べ物が体にいい！」などと年中煽っていて、素直な人ほどすぐにスーパーに走るようだが、大事なのはあくまでも栄養素であり、それを何から摂ろうがたいして違いはない。

例えば、血管年齢を若く保ったり、認知機能の維持に役立つ必須脂肪酸のＥＰＡ（エイコサペンタエン酸）やＤＨＡ（ドコサヘキサエン酸）を摂取するために、サバやサンマなどの青魚を食べろとよく言われるが、ＥＰＡやＤＨＡはほかの魚や肉にも含まれる。青魚を食べないとＥＰＡやＤＨＡが摂れないというわけではなく、効率よく摂りたいなら青魚がよいというだけの話なのだ。

もちろん、青魚に目がないというのであればそれでいいのだが、あまり好みでないのなら無理して食べる必要はないし、サプリメントで補わなければいけないわけではない。魚が嫌いなら、肉を食べればそれでいいのである。

特に好きでもないものを「健康のために」と無理して食べたところで寿命が大きく変わるわけではない。もしかすると多少は変わるかもしれないが、それとて微々たるもので、努力に見合う成果とまでは言えないだろう。どっちにしろ残された時間はたいして長くはないのだから、好きなものを自由に食べるほうが明らかに幸せだ。

もっといえば、「これが体にいい」と信じ込まされて、来る日も来る日も同じものばかり食べ続けるほうがむしろ危険だと僕は思う。EUでは使用を禁止しているネオニコチノイド系の農薬の残留基準が日本は大甘であるという事実が放置されているのは信じられないが、そもそもどんな作物にも多少の農薬は残留している。また、ほとんどの家畜には成長促進剤として抗生物質が使われている。だから肉には少量の抗生物質が入っているのが普通である。

つまり、どんな食べ物にもなんらかのリスクはある。

よかれと思って食べているものに、たまたま体に悪い成分がたくさん入っていることだってありえない話ではないし、栄養や医療の常識がまるっきり変わることだってある。だからこそ、食べるものの種類や産地が多様であるよう心がけるほうが、よほどリスクヘッジになるのである。

年を取ってからのアレルギーに注意

年を取ると、初めて食べるものだけでなく普段から食べているものにもアレルギーを発症することがある。

子どもや若い人のアレルギーはその原因となる食べ物を少しずつ食べることで徐々に治していくこともできるが、年を取ってから発症したアレルギーはなかなか治らないからやっかいである。

50歳を過ぎてから突然アレルギーを発症するケースも決して珍しくはない。これまでアレルギーと無縁だったからといって油断はできないのだ。

本格的にアレルギーを起こしてしまえば、その食べ物は食べられなくなるので、それだけ食事の幅が狭まる。それが大好きなものだったとしたら、楽しみも大きく減ってしまうだろう。うちのカミさんは60歳を過ぎてからビールにアレルギーを起こすようになり、最近はほとんど飲まなくなってしまった。老後の楽しみを減らさないためにもアレルギーの気配を事前に察知することは大事なことだと思う。

もしも、いつも食べているものがあまりおいしくないと感じたときは、そのまま具合が悪くなったりしないか様子を見るのがいいだろう。具合が悪くなってしまうようなときは、しばらく食べないようにして、次に食べるときは少量から試すほうが安心である。本格的に発症してしまうと手に負えなくなってしまうので、その前に食い止めるのが大切なのだ。

また、ほかのアレルギーが出ている時期は、交差反応で別のアレルギーも出やすくなるので注意したほうがいい。

例えば花粉症の人は、鼻水などの症状が出る春先はできるだけトマトを食べないほうがいいだろう。トマトに含まれるタンパク質が、春先の花粉症を引き起こすスギ花粉のアレルゲンタンパク質（アレルギーのもとになる成分）と構造がよく似ているため、体がトマトをスギ花粉だと認識してアレルギー症状を起こすことがあるからだ。

ひとたびトマトでアレルギーを起こすようになると、花粉症の季節でなくてもトマトを食べるだけで花粉症のような症状が表れてしまう。そうなってしまえば、いくらトマトが好きでもちょっと食べられなくなるだろう。

「おいしくないもの」は食べてはいけない

「良薬、口に苦し」などと言うが、これはウソだと思う。

なぜなら「おいしくない」という感覚は、体の防衛反応だからだ。

先ほど書いたように、それがアレルギーの初期症状のこともあるし、まずいと感じるものは自分の体に合わないことが多い。また、その日の体調によっては、昨日までおいしかったものでもまずいと感じるときもある。それは体が発する「食べるな」というサインなのである。僕も初めて食べる果物などを口にしたとき、あまりおいしくないと感じた場合は、たいがいおなかの調子が悪くなる。

結局のところ信用できるのは自分自身の味覚であって、一般的に「体にいい」と言われているものがいつでも、誰にでも、合うわけではない。

人間以外の動物は、まずいと判断したものは絶対に食べない。そうやって自らの身を守っているのである。

例えばコアラの主食はユーカリだが、ユーカリならなんでも食べるわけではない。実はユーカリにはいろいろな種類があり、その日にどの種類のユーカリを食べるのかはコアラが自分で決めている。前日は好んで食べていたユーカリでも、翌日にはまったく口にしないこともある。自分に合ったユーカリが見つからないと、目の前にたくさんのユーカリがあっても一切食べず、そのまま弱って死んでしまうことすらある。

だからコアラを飼育している動物園は大変なのだ。どのユーカリがその日必要なのかはコアラ本人にしかわからないので、常にたくさんの種類のユーカリを準備しなければならない。

しかも実際に手をつけるのはせいぜい2~3種類で、場合によってはまったく食べないこともあるのだから無駄が多く、費用ばかりがかさむことになる。東京の多摩動物公園にコアラがたくさんいた頃は、動物園全体のえさ代の半分がコアラのものだったらしい。

なぜコアラがここまで頑なにユーカリを選別するのかといえば、ユーカリはもともと消化が悪いうえに、毒素（青酸）が含まれていて、分解と解毒に時間がかかるせいだ。もしも、体調に合わないユーカリを食べてしまえば体を壊すことをコアラは本能的に知っている。だからどれがその日の体調に合うかを、自分自身で判断しているのだ。まさに自分の健康を自分で守っているわけだ。

「広食性」こそ人間らしさである

食べ物なんてほかにいくらでもあるのに、なぜコアラがそんなに危険なユーカリを主食にしているのかといえば、彼らは草食動物のなかでも決まったものしか食べない「狭食性」の動物で、ほかの動物が食べないユーカリをあえて選ぶことで競争を回避しているからだ。

人間は肉も植物も食べる「雑食性」で、さらにさまざまな肉や植物を食べる「広食性」でもある。こんなになんでも食べる動物はおそらく人間だけだろう。ゴリラやチンパンジーもわりといろんなものを食べるけれど、基本的には草食で、アリやシロアリや肉を食べるときもあるという程度だ。彼らにとってシロアリや肉はたまに食べるごちそうなのである。

つまり、何かに偏った食事というのはおよそ人間らしくない食事なのだ。人間という動物の食性からすれば、なんでも食べることこそが健康的なのである。

そういう意味では、肉・魚介類はもちろん、卵・乳製品なども一切食べないヴィーガン（ピュアベジタリアン、倫理的ベジタリアン）の人の食生活は決して健康的ではないということになる。同じ理由で、年を取ったら粗食で、という考え方も間違っている。肉や魚、あるいは卵といったタンパク質は年を取ってもしっかり食べたほうがいい。

体をつくるタンパク質の原料となるアミノ酸のうち必須アミノ酸と呼ばれる8種のアミノ酸は、人間の体内では合成できない。だから外から摂取しなければ我々は健康的な体を維持することができない。

草食動物の中にはセルロース（食物繊維）からアミノ酸を合成できる細菌を腸内に飼っている動物（反芻動物）がいる。例えば牛がそうだ。だから牛は、草だけを食べていても筋骨隆々になれる。しかし、人間の腸の中にはそのような細菌はいない。最も効率よく必須アミノ酸を摂る方法はやはり肉食なのである。

実際、長生きしている人というのは、みんなよく肉を食べていて、なかには週2でステーキを食べてますという人もいる。もちろん肉しか食べないのではよくないだろうが、肉や魚を一切食べずに野菜だけという人よりは、健康を維持しやすいと思う。

ただし、難しいのは炭水化物の取り扱いだ。

人間が自分の体を維持するのに必要なタンパク質は、肉や魚、卵だけでなく、実は米や小麦などの穀物にも含まれている。ただし、その量は微量であり、必要な量のアミノ酸を摂取しようとすれば、当然大量に食べる必要が出てくる。つまり、穀物を主食にする人は、たくさん食べないと必要量のアミノ酸が摂れないのだ。

炭水化物は体内で脂肪に変わるので、食べすぎれば当然肥満につながる。今や健康の大敵といわれるようになった糖質過多という弊害も出てくるだろう。

もちろん炭水化物は同時にエネルギー源でもあるわけだから、いろいろ体を動かす若い人たちなら、多少食べすぎても消費はできる。しかし、年を取れば普通はあまり動かなくなるだろうから、米や小麦といった穀物の類いは主食から補食に格下げするほうがいいかもしれない。

だからといって炭水化物をまったく食べないのは、それはそれで問題である。脳を働かせるには糖が必要だし、もちろん効率のよいエネルギー源としても炭水化物は欠かせないからだ。

なんだかめんどうくさい話になってきたが、要はいろいろなものを食べるのが最も人間らしいし、人間本来の体のためには大事だということだ。特定のものを食べすぎたりしなければ、健康上の大きな問題が起こることはない。

つまり世間でいわれる健康食にこだわらなくても、雑食に努めていればそれで十分なのである。

先人の「食い意地」に感謝しよう

すでに述べたように、人間はなんでもかんでも食べる広食性である。人間以外の動物の食生活は極めて保守的なので、普段食べないものには見向きもしない。

しかし人間は、その類いまれなる「食い意地」で食べられるものの範囲をどんどん広げてきた。なかにはあくなき冒険心を発揮して、食べられそうなものは片っぱしから食べるような猛者もいたに違いない。もちろん時代によっては食べ物が足りず、一か八かで食べたということもあっただろうが、いずれにしろ、そういう先人がいたからこそ人間の「広食性」はより磨きがかけられてきたのかもしれない。

ところが味が特にまずいわけではなく、むしろおいしいくらいなのに毒が含まれるものもある。そうすると味覚の防衛反応が働かないから、そのまま体に入ってしまうことになる。うまいうまいと思って食べたら実は毒が含まれていたということだってあっただろう。

僕の家の周りにもときどきキノコが生えているけれど、僕はこう見えて意外に臆病なので怪しそうなキノコには一切手を出さない。

でもそれは、キノコにはおいしくても毒があるものが存在するという予備知識があるからこそだ。自分の五感だけが頼りだった大昔は、口に入れて変な味がしたり、舌がしびれるようなものは当然吐き出すとしても、おいしければそのまま食べただろうから、毒キノコにあたって死ぬ人も多かったに違いない。今の僕の知識はそういう人たちの犠牲の上に成り立っているのだと思うと、なんだか申し訳ない気もするな。

ところで、おいしくても毒があるものといって真っ先に思い浮かぶのはフグだろう。フグは肝臓や卵巣、皮などに猛毒があり、食用可能な部位はフグの種類によって異なる。だからその取り扱いには免許が必要なのだが、コアラにとってのユーカリならいざ知らず、ほかに安全に食べられる魚などいくらでもいるのに、なぜそこまでして日本人はフグを食べようとするのか、冷静に考えると不思議である。

そういえば、佐賀県の業者が陸上のプールで無毒のトラフグを生産することに成功し、佐賀県は食用禁止規定から除外される「特区」の申請を繰り返し行っていた。結局それは「トラフグが毒を生成する仕組みが未解明である」という理由で認められなかったようだが、おそらくフグを調理することで生計を立てている方面からの政治的圧力があったのだろうと僕は思っている。ともあれ、このような試みがなされること自体、日本人のフグを食べることに対する並々ならぬモチベーションの高さがうかがえる。

食えるうちは死ぬことはない

「もっとうまいものを食べたい」という人間は、そのあくなき食い意地によって、野菜の味まで変えてきた。

そのへんの野草をかじってみればわかると思うが、野草というのはもともと苦くてまずい。そこで人間は、比較的苦くないものを選抜しながら、長い時間をかけて、徐々に苦くない品種をつくってきた。今食べているおいしい野菜は、その結果としてできあがったものだ。

最近は遺伝子組み換え技術を使って新しい野菜をつくったりすると、特許を申請して自分たちに儲けが入るように画策しているが、よくよく考えてみると、遺伝子組み換えをするその作物自体が先人の努力の賜物なのだ。最後の最後にちょっといじったからといって、特許をよこせというのは図々しいとしか言いようがない。

それはさておき、人間の食い意地の話である。

「生きることは食べること」とはよく言ったもので、やはり年を取っても食い意地は失わないほうがいい。よく食べる人ほど、年を取っても元気だからだ。野生動物を見ても、食欲と生命力は比例している。

ほっておいても食べられるものの範囲は年齢とともに徐々に狭まってくるのだから、なんでも食べられるうちは、人間の「広食性」を満喫するのがいいと思う。

食えるうちは、人は死ぬことはない。

高齢者に禁煙のメリットはあるか？

近年、タバコに対する世間の目は厳しく、喫煙者は肩身の狭い思いをしているだろうが、自身の健康という観点からいえば、70歳を過ぎてからの禁煙はあまり意味がない。少なくとも、「肺がんの予防」という理由なら、この年からやめるメリットはほとんどないと思う。

なぜなら肺がんは発症してからその人を殺すまでに最低でも20年、長ければ30年以上かかるからだ。

つまり、70歳のときに吸っていたタバコが原因で肺がんになり命を奪われるのは、最短で90歳である。普通に考えれば、肺がんになる前に別の病気になって死ぬ確率のほうがずっと高いだろう。この先20年の間に肺がんになり、その原因がタバコだったとしても、それは過去に吸っていたタバコの影響であって、今から新たに禁煙したところで結果は変わらない。

実は僕は33歳のときにタバコをやめている。それまでは一日80本くらい吸っていたが、風邪をきっかけに咳が止まらなくなり、それでも意地でタバコを吸っていたのだけど、「専売公社になんの義理があるのか」とカミさんに言われて、それもそうかと納得したからだ。

あれからもう40年近くたつので、タバコによる発がんの可能性はとっくに時効を迎えている。もし、今後僕が肺がんになったとしたら、それはタバコとは別の原因によるものだ。

「タバコは百害あって一利なし」というのが医療関係者の主張だが、必ずしもそうではない。年を取ると腸の働きが悪くなって便秘になりがちだが、喫煙者で便秘に悩む人はあまりいない。タバコに含まれるニコチンには、自律神経を興奮させる作用があり、そのせいで腸のぜん動運動が促されるためだ。「健康のため」と医者に言われて年を取ってから禁煙したものの、その途端に便秘に悩まされているという人も珍しくないのだ。

そうなると、タバコの害と便秘の害のどちらが深刻なのかという話にもなってくるが、便秘が全身の健康に与える悪影響というのも決して小さくはないからどっちもどっちな気がするな。

また、タバコをやめたことで頭の回転が鈍るという人もいる。早稲田大学で研究室が隣だった哲学者の竹田青嗣は、禁煙してから2～3か月は原稿が一行も書けなかったと言っていた。

禁煙すると頭が働かなくなるという話は別の友人からも聞いたことがある。そう考えると、テレビで活躍しているお笑い芸人の多くがヘビースモーカーであることも納得がいく。

誰かが隠しているのか、あまり表立って言われることはないが、タバコが脳を活性化し思考力を高めるというエビデンスは実際に存在する。

かつての僕のように、タバコを吸うと具合が悪くなるというのならやめるほうがいいに決まっているし、「タバコが健康によい」というエビデンスは「健康に悪い」というエビデンスより少ないので、「吸ったほうがよい」と言いたいわけではない。

ただ、高齢になるまで特に問題もなく、ずっとうまくつきあってきたのなら、ストレスを溜めてまで無理に禁煙する必要はないのではないかというだけだ。

今や世の中は禁煙禁煙で、社会をあげて喫煙者を迫害するかのような風潮だが、タバコを吸うか吸わないかは本来個人の問題であり、人には「愚行権」(たとえほかの人から愚かだと判断される行為であっても、個人の領域にあれば誰にも邪魔されない自由)があるのだから、喫煙エリアを守るなど受動喫煙への配慮ができていれば、喫煙者の権利だって守られてしかるべきである。

そもそも、一般的にはタバコより酒のほうが体に悪いのは医学界の常識である。しかし、後者はマジョリティなのでバッシングされない。喫煙者がマイノリティになった途端にみんなで喫煙者をいじめるのは異常である。

酒をやめるのは死ぬときだ

僕は35歳を過ぎた頃から、毎日欠かさず酒を飲むようになった。

1987年2月のある日、肝臓がんで東大病院に入院していたオフクロの見舞いにいった。するとしばらくしてオフクロの容態が悪くなり、肝性昏睡(アンモニアなどの有害物質が肝臓で解毒されず、体内に蓄積することで起こる精神・神経症状）の様相を呈してきた。医者が今夜はベッドサイドについていてくださいというので、ずっとオフクロを見守っているうちに夜が明けてしまった。朝になってオフクロは持ち直してほっと一息ついたのだが、そのときふと「ああ、昨日は酒を飲まなかったな」と気がついた。

それが悔しかったというわけではないのだが、その日以来、一日たりとも酒を欠かしたことはない。

風邪をひいて熱があっても酒は飲む。連続飲酒記録は1万2340日（33年10か月）を超えている。もう最近はこの記録を伸ばすことに意地になっているが、逆にいえば、この33年の間、酒を飲めなくなるほどに健康を害したことはないということでもある。これは誇ってもいいのではないだろうか。

喫煙者ほど責められることはないけれど、その話をすると「もう年なんだから週に一日は休肝日をつくったほうがいい」などとわざわざ助言してくる人もなかにはいる。けれど、もはや僕にとって酒を飲むことは生きることである。

だからもしも酒を禁止されたら、その日から僕は死んでしまうことになる。食えるうちは死ぬことはないとさっき書いたばかりだが、僕の場合は飲んでるうちは死ぬことはないのである。

そうは言っても、毎晩350ミリリットルの缶ビールを1本と日本酒少々、ワイン少々、焼酎少々と、日本酒換算で2~3合ほどを飲む程度だから、たいした量を飲んでいるわけではない。これくらいなら、肝臓のアルコール処理能力の3~4割程度しか使っていないだろう。だから二日酔いとも無縁である。

もちろんこれは僕自身の話であって、これ以上飲んでも平気な人もいれば、逆に酒が体に合わないという人も当然いる。

少し飲んだだけで悪酔いしたり、すぐに顔が赤くなる人というのは、アルコールに含まれるアセトアルデヒドの分解に時間がかかる体質である。アセトアルデヒドは食道がんの原因になることが知られているので、そういう人にとっては、酒は明らかに体に悪い。だから禁酒したほうがいい、という助言は確かに理にかなっていると言えるだろう。

ただし、酒による悪影響など何もない僕みたいな人間は、酒を控えたところでたいしたメリットはない。そんな人間に「酒を控えろ」などと言うのは、ただの余計なお世話なのである。

「健康長寿」と「人生の楽しみ」のどっちを取るか

医者は禁酒・禁煙をすすめることが多いが、禁煙するべきか、しなくてもいいか、酒は好きなだけ飲んでいいか、ちょっとだけ飲むほうがいいか、あるいは控えたほうがいいかなどは、すべて人それぞれなのだ。

医者がその立場上口にするのはあくまでも「一般論」なので、それを過信して無駄な努力をしてもろくなことはない。人生も残り少なくなった老人が、そうした一般論に騙されて、目の前の楽しみを犠牲にしてまで「健康長寿」にこだわったところで、実のところたいした違いはないのだ。いやむしろ、楽しみを失うぶん、QOL（Quality of Life＝生活の質）は下がるともいえる。

前述のとおり、人間の体には防衛反応なるものが備わっているのだから、体に合わないものを口にすれば必ずなんらかの拒絶反応が起こるはずである。つまり、何が本当に自分の体によくないのかは、体の反応に気をつけていればすぐにわかるのだ。

僕だって、「今日の酒はあまりうまくないな」と感じたら、量を控える。その日の酒のうまさは、健康のバロメーターでもあるからだ。

「自分の体は自分がいちばんよく知っている」などといって言うことを聞かない「不良患者」は、一般論を振りかざす医者にとってはやっかいだろうが、それは真実なのである。

たった1年か2年寿命を延ばす結果になったとしても、それによって人生の楽しみを奪われるのだとしたら果たしてどっちが得なのか。

少なくとも僕は、「酒をやめれば1年長生きできますよ」と言われたとしても、酒をやめたりはしない。たった1年のために、人生の楽しみを奪われるなどまっぴらだ。

「楽しくない」運動に時間を費やすのはバカのやること

「適度な運動は体によい」

それ自体に異論があるわけではないが、これだってもちろん一般論だ。

少なくとも、わざわざ「適度」などというあいまいな言葉を使っている時点で、どの程度の運動がいいかは個人差があると言っているようなものである。

よく老人にはウォーキングがいい、などと言われるし、それが楽しめるのならやってみればいいと思うが、土の上ならともかく、都会のアルファルトの上を歩けばかなり膝に負担がかかることを忘れてはいけない。もちろん歩くなとは言わないが、そういう場所を歩くのならクッション性の高い靴を買う必要があるだろう。つまりウォーキングが「お金もかからない理想的な運動」かどうかは、その人の状況によるということだ。

運動が好きな人というのは、言われなくても運動する人だ。つまり運動不足を自覚する人はそもそも運動が苦手なので、それは決して楽しいものではない。「ひと駅歩く」「エスカレーターでなく階段を使う」といった一見簡単そうなことがなかなか実行できないのは、それが楽しくないせいである。

そもそも本当に運動不足かどうかも怪しいものだ。

多少なりとも仕事をしている場合はもちろん、定年退職して基本的に家にいるという人だって、洗濯物を干す、掃除をする、買い物に行くといったレベルのことはしているだろうから、それなりに体を動かしてはいるはずだ。

もちろん好きな人は運動自体を楽しめばいいのだが、そうでない人は楽しくもないのに「運動するための運動をする」必要なんてないと僕は思う。

少なくとも息が上がるような激しい無酸素運動は体をサビつかせる活性酸素を大量に発生させるので、むしろ不健康と老化のもとになることを忘れてはいけない。

もちろんなかにはハードな運動が楽しいという人もいるけど、言っちゃあ悪いが、それは一種の中毒である。苦しい思いをして走ったりしたあとに爽快な気分になるのは、エンドルフィンという脳内麻薬が出るせいである。

理由はともあれ、楽しいというのならそれはそれで意味はあるが、健康のためだと言い聞かせ、苦しいことに時間を費やした挙げ句、かえって健康を害するとしたら、あきらかに本末転倒だ。

繰り返すが、特に老人は楽しくもないことに時間を費やすのはバカである。たとえ「健康のため」という大義名分のためであっても、わざわざ楽しくないことをする必要などない。

僕も運動は嫌いだが、虫採りに行って一日中歩き回るのならまったく苦にならない。お目当ての虫が現れたら走って追いかけたりもするので、運動しているつもりはなくても実際にはけっこうな運動量だと思う。

カメラが趣味という人も似たようなことを言っていた。庭いじりだって、じっとしていてはできないのだから立派な運動である。

そのような「楽しいからやっていたら実は運動だった」というスタンスが最も健康的だと思う。これこそが、本当の意味で無理のない「適度な運動」だと言えるだろう。

真の知識があれば騙されることはない

若い頃の勉強というのは、何かしらの目的があるからそれなりにプレッシャーもあるが、年を取ってからは純粋に「知識欲」を満たすことを楽しむことができる。それは老後の最大のメリットかもしれない。勉強といってもテストを受けたりするわけではないから、基本的にやることは読書であろう。

それなりに興味があると思って読み始めてはみたものの、思いのほか難しかったり、つまらないということもあるだろうが、だったら途中でやめればいい。挫折したところで誰に迷惑をかけるわけでもないし、学生の頃のように誰かに叱られる心配もない。唯一、時間と多少のお金の浪費にはなるかもしれないが、「その分野はつまらない」という新たな知識を得たと思えば、あながち浪費だとも言い切れないだろう。

もちろん、一冊読んでますます興味が湧いたなら、そのジャンルの本をいろいろ読んでもっと知識を得ればいい。特にゴールがあるわけではなくても、純粋に知りたいことだけを自分勝手に追いかけるのは、このうえなく心地よいものだ。

老後ということを考えると、むしろゴールなどないほうが継続的な生きがいになる。もちろん、余命はたかが知れているので、どのみち志半ばにはなるだろうが、それはそれでいいではないか。

今はネットを使えば、誰でも簡単に世界の最新情報に触れることができる。最先端の知識を備えたじいじやばあばは、孫にも尊敬されるに違いない。そうして自尊心を維持することは老け込まないための秘訣にもなる。

最先端の知識を得るのであれば、手前味噌ではあるが、生物学がおすすめである。例えば宇宙がどうだとか、物質の最小単位がどうだとかということもおもしろくないわけではないから、興味があるなら追求するのも悪くはないが、それを知ったからといって日々の生活にはあまり関係がない。若い人ならいざ知らず、老人がどんなに宇宙に想いをはせたところで、生きているうちに宇宙に行ける可能性はほぼゼロである。

一方で、現代生物学が日々更新している最新の理論は、老後の健康問題とも関係が深い。生物学についてちょっと進んだ知識を持っていれば、一般論ですべてを語るような医者やいい加減なマスコミに騙される心配も減る。最近の僕は、COVID－19

に関する海外の文献をかなり読んでいるが、まだわかってないことが多いなあと思うと同時に、日本のマスコミが垂れ流している情報には不正確なものが多いと感じる。

ただ、最新の理論を理解するには最低限の生物学の知識が必要だ。基本的な知識のおさらいをしたいという人には、少し古い本になるが、僕が2001年に書いた『新しい生物学の教科書』（新潮文庫）をすすめたい。

また、生物学の重要なテーマのひとつである「遺伝子」について正確に理解している人は多くない。これに関しては拙著『遺伝子がわかる！』（ちくまプリマー新書）がおすすめだ。「遺伝子」とは何かがわかれば生物学関係の情報はぐっと理解しやすくなるし、健康に関するあらゆるインチキ情報に騙されることもなくなると思う。

読書はしたいが老眼なのでつらいという人もいるだろう。確かにそれはよくわかる。対策としては、老眼鏡をかけるしかないが、最近は電子書籍という便利なものもある。電子書籍なら文字の大きさが自由に変えられるので、老眼鏡をかけてまで本を読みたくないという人はそれを使う手があるだろう。僕はあまり好きではないけどね。

本を読むのが苦痛なら、もちろんテレビを観るのでもいいのだが、テレビというのは情報がどんどん流れていくので、あまり深く考えることがない。つまり、ほとんど頭を使わないという欠点がある。瞬間的には笑ったりするものの、基本的には受け身なので、脳の使い方としてはかなり浅いと言わざるをえない。

認知症の予防になるとは言わないが、多少なりとも脳の老化を遅らせたいなら、ただぼーっとテレビを観ているだけでなく、その内容について「立ち止まって考える」という癖を身につけておいたほうがいい。

また、ネットについての最低限のスキルは持っておくべきだろう。今の世の中は、パソコンやスマホが使えることを前提にすべてが進んでいるわけだから、老人だってそのスキルがないと確実に損をする。今はかろうじてなされている「ネットを使えないお年寄りへの配慮」も、近い将来打ち切りになる可能性が高いと思う。

パソコンやスマホを使うこと自体は決して難しくはない。老人には不要だと思われる機能がたくさんあるのもやっかいだし、頻繁にアップデートしろと言われるのは面倒だが、前者はすべてを使いこなそうなどと欲張らなければいいだけの話だし、アップデートもやり方自体は単純なので慣れてしまえば別にたいしたことではない。

コロナ禍で話題になったZoomのようなWeb会議システムだって、使い方は驚くほど簡単で難しいことはない。僕も自粛期間中は、これを使ったおかげで進められた仕事もたくさんあったし、息子や孫の顔を見ることもできた。

難しいと思い込んで尻込みしたり毛嫌いしたりせずに、文明の利器はどんどん利用するほうが明らかに老後の暮らしは便利になる。これについては、またあとで。

第4章

健康診断は受けなくていい

誰かの言いなりでは自分の命は守れません

やたらと医者に行くのは無駄である

老人のいちばんの心配ごとといえばやはり「健康問題」だろう。それゆえに最も騙されやすいジャンルだと言ってもいい。

まず大前提として、年を取ると必ず体は弱ってくる。それを元に戻そうなどと考えて、無理して鍛えようとしたりするとかえって症状が悪化することもある。

僕の友人が、少し膝が悪くなってきたと医者に相談したら、「できるだけ歩いたほうがいいですよ」と言われ、毎日頑張って歩いていたらさらに悪くなって、結局手術する羽目になってしまったらしい。老人に対して「できるだけ歩け」というのは医者が口にする助言の定番だが、以前の膝を取り戻そうなどとあまりに欲張ってしまうとこういうことになりかねない。

もちろんまったく動かさないのはよくないが、現状維持で十分くらいの気持ちで、適当にだましだましつきあっていけば、少なくとも急激に悪化することはないだろう。

そもそもちょっと具合が悪いというだけですぐに医者に頼るのはどうかと思う。やたらと医者に行きたがる人もいるが、適当な病名をつけられた瞬間から、ただの老化さえ持病にされることがある。それが本当に病気なのかどうかは、自分の頭でちゃんと考えたほうがいい。治療して治るのは病気だけれど、老化は決して治らない。

例えば血圧というのは、年齢とともに高くなるのが普通である。また、そもそも「高血圧」というのは、「血圧が高い状態」であって病気ではない。しかし、高血圧を病気だと思い込まされて不安になり、せっせと医者に通い、薬づけになっている人が少なくない。医者というのは診療報酬で食っているのだから、できるだけ病院に来てもらうようあの手この手で努力するのは当たり前だ。

新型コロナウィルス感染拡大の影響で、老人があまり病院に行かなくなり、経営が厳しくなった病院があったそうだ。つまり、多くの老人にとって医者に行くことは、実は「不要不急」なのである。病院の待合室にいる人のほとんどは、別に来てもこなくてもどっちでもいい人で、これが無駄な医療費の温床になっているのだろう。

僕は緑内障の持病があり、目薬を一日に1回差している。そして一年に1回は検査にこいと言われていたので、一応それに従っていた。

ところが、検査する部屋がものすごく狭く、新型コロナ感染のリスクがあると判断したのか、「今年は検査はやらなくてもよい」と言ってきた。

まあよくよく考えると、別に検査に頼らなくたって、見え方がおかしくなったかどうかくらいは自分でもわかる。現状は維持したいので目薬を差し続けるしかないのだが、検査は症状が進んだ自覚があってからすればいいだろうと考えるようになった。

自分の体の中で何が起こっているのかはたとえ本人であっても知る術はないが、「自分の体調」なら自分でわかる。すこぶる調子がいい日、普通の体調の日、ちょっと調子が悪い日があるのは当たり前だ。年を取ると、どうしても「普通〜ちょっと調子が悪い日」が多くなる。だからといってそのたびに、「これはなにか悪い病気ではないか」などと過剰に心配してても、気分が落ち込むばかりである。

注意すべきは「明らかな異変」

もちろん、絶対に医者に行くなと言っているわけではない。耐えられない痛みや苦しみがあるのなら、早めに和らげてもらうほうがいい（本当はそれこそが医者の役割だと思うのだが、コロナ禍の前は来る必要のない人が待合室にわんさかいて、本当に苦しんでいる人が散々待たされていたのではないかと思う）。

ただし、これまで経験したことのないような痛みがあるとか、立っていられないほどのだるさがあるとき、すなわち「明らかな異変」を感じる場合は、救急車を呼んででもすぐに病院に行くことを躊躇してはならない。

例えば、普通に歩いている途中で突然足が上がらなくなるとか、腕が動かなくなるとか、言葉が出にくくなるというのは脳梗塞の代表的な前駆症状で、それに気づいた時点で早急に対処してもらえれば、命が助かる可能性はもちろん、麻痺を残さずに治る可能性もぐんと高くなる。

激しい胸の痛みや頭痛がある場合は、心筋梗塞やくも膜下出血などの可能性があり、ご存じのとおりこれらも一刻を争う病気である。脳梗塞の場合は、発作が起こってから3時間以内に適切な対応ができたか否かで、予後には大きな違いが出る。くも膜下出血は素早い対応で完治する人もいれば、そのまま亡くなってしまう人もいて、運次第というところもあるが、脳梗塞は再発しやすくやっかいだ。

「痛み」というのはかなり重要なサインで、例えば心筋梗塞の場合、痛みが出る場所は胸だけではない。虫歯でもないのに激しく歯が痛むというケースもあるというから、場所に限らず「激しい痛み」は体の中でかなりヤバイことが起こっている兆候だと考えるほうがいいだろう。

「安全な生き方の基準」は自分で判断する

命が脅かされるような危険を避けるのは、生物として生きるのには基本的なことであるが、老人は自分の体力の衰えを自覚したうえでより注意すべきである。

それを僕が思い知らされたのは、今から4年ほど前に熱中症になりかけたときである。

教授を退官するにあたって早稲田大学に保管していた虫の標本を持ち帰るため、暑い夏の日に自宅で標本戸棚を組み立てようとしていたときのことだ。

僕の家は3階建てで、3階に仕事部屋があるのだが、その部屋につながる廊下でコツコツ作業をしていた。ところが、しばらくすると汗が止まらなくなり、顔がものすごく熱くなってきた。たまたま3階に上がってきたカミさんに顔色が変だと指摘されて熱を測ったら、38度まで上がっていたのだ。そのときはアイスノンで頭や脇の下を冷やしてことなきを得たのだが、急激に症状が悪化したのでさすがに恐ろしかった。

それまでは炎天下で、何時間も虫採りをしても平気だったので、自分は暑さに強いと思い込みすっかり油断をしていたのである。細かい作業に集中したせいもあるのだろうが、さほど暑いとは思わず、気がついたときには熱中症になりかけていたのだ。暑さに対して若い頃より鈍感になっていたのかもしれない。

自分にとっての「安全な生き方の基準」はずっと同じではない。それを認めるのは悔しいが、昨年より今年、昨日より今日と、確実に年を取っているのだから、熱中症に限らず階段の上り下りなどにもより慎重になるべきなのである。

COVID－19への対応などはその顕著な例だ。どの文献を見ても、年齢と重症化の確率は比例しているのだから、いくら外出自粛が解かれたといっても若者と同じような行動をするのは危険である。70をとっくに過ぎているのに、「ＧｏＴｏトラベル」だ「ＧｏＴｏイート」だと浮かれて「3密」を避けない老人を見ると、楽しく生きるがモットーの僕でさえ、たいがいにしたほうがいいと感じる。もちろんどんなに気をつけていても、感染してしまうことだってあるだろうが、わざわざ感染のリスクを上げる行動をするのは愚かであろう。

自粛しろと言ったかと思えば、次は「ＧｏＴｏトラベル」だなんて、いったいどっちが正解なのかと文句を言う人がけっこういるが、誰かが決めたことに従っているだけでは絶対に自分の身の安全など確保できない。大事なのは、ほかの誰でもない、自分にとっての正解は何なのかを自分で考えることなのである。

無駄に死にたくないのなら自分の状況や立場を考え、そして老人の場合は自分の体力を過信することなく、いちばん安全だと思われる判断を自分でするべきなのである。僕だって、また以前のように大勢で飲んだり食べたりしたいが、これならもう安全だと自分で判断できるまでは、うちでのんびり過ごすか、人のいない山奥で虫採りをしようと思っている。

脳卒中やがんの発症は「運」だと割り切る

脳梗塞やがんなどの命にかかわる可能性が高い病気も防げるものなら防ぎたいが、完全に予防する方法はなく、発症するかどうかは運だと割り切るしかない。

脳梗塞とは簡単にいえば脳の血管が詰まってしまって栄養が届かなくなり、脳の細胞が死んでしまうことで起こる病気だ。根本的な原因は血管の老化なので、やはり加齢は大きなリスク要因となり、高齢になればなるほど大小を問わず脳梗塞は起こりやすくなる。

ただ、ひと口に脳梗塞といっても、それが起きた場所によって症状が異なる。例えば言語を司る部分の細胞が壊れればしゃべれなくなるし、筋肉を動かす指令を送る部分の細胞が壊れれば動けなくなる、といった具合だ。

確かに恐ろしい病気ではあるが、脳梗塞を起こしたからといって、みんながみんなしゃべれなくなったり動けなくなったりするわけではない。脳の8割くらいはたいした働きをしているわけではなく、そういう部分の細胞が多少壊れたところで、大きな機能障害が起こることはないわけだ。

実際、脳ドックなどでMRI画像を撮ったりすると、脳のあちこちに小さな脳梗塞を起こしている人がけっこうな割合でいる。しかし、その人たちに自覚症状があるわけではない。それもあって「無症状脳梗塞」と呼ばれたりしている。

つまり、同じ脳梗塞でも、どこの血管が詰まるかによって状況はまったく異なるのである。どこが詰まるかなどは詰まってみないとわからないので、もはや、これも寿命と同じで運任せだと言っても過言ではない。

また、遺伝子や遺伝子以外のDNAの変異は偶然の複製ミスに加え、放射線や毒物など環境からのアタックによっても引き起こされる。

たとえ変異が起こっても、ほとんどはすぐに修復されるし、修復不能な損傷は細胞自体がアポトーシス（プログラム死＝能動的な細胞死）によって殺される。またDNAの変異のなかにはサイレント突然変異といって、機能になんの影響も与えないものがある。

しかし、正常な遺伝子が変異して、それがたまたまがんの発症に関連する変異だとすると、がんの発症確率は高くなる。

例えば肺がんには7～8個の関連遺伝子があり、そのすべてが変異すると肺がんを発症するのだが、そこに至るまでには時間がかかる。加齢ががんの発症確率を高める原因はここにあるというわけだ。

がん検診では死亡率を減らせない

がんの発現がコントロールできないのなら、できるだけ早いうちに発見して完治させようというのは、一見もっともな考えのように思える。「2人に1人はがんになる時代です」などと煽られれば、だったらますます早く見つけてもらわねばと焦ってしまう気持ちもわからないでもない。

がん検診推進派が、「検診のおかげでがんは治る病気になった」などと主張しているように、がんと診断された人の治癒率は確かに上がってはいる。

しかしその一方で、がんで亡くなる人の数は減ってはいない。むしろ高齢化が進んだぶん、増えている。それは厚生労働省の人口動態統計を見れば明らかなのだ。

つまり、がん検診というのは「がんの発見」には貢献しても、がんで死ぬ人を減らすことには貢献できていないのだ。

「がんの早期発見が進んでも、死ぬ人の数は減らない」という事実は、「早く発見しても遅く発見しても、治る人は治るし、死ぬ人は死ぬ」ことを意味しており、結局のところ、早く発見することにたいしたメリットはないのである。

たとえがん細胞が発生しても、体の修復作用によって消滅する場合もある。また、消滅こそしないものの、進行しないかあるいは極めて緩慢な進行でその人が別の病気で死ぬまで、つまり生涯にわたって共存するがんもある。

がん検診には、そのようなあえて発見する必要のないがんまでめざとく見つけ出す効果があるため、それを無理やり治療した結果、治癒率が上がっているのだと考えるのが自然だろう。確かにがん治療の進歩はめざましく、「今や胃がんの8割は治ります」と医者は胸を張っているが、その8割の中には本来なら治療する必要のないがんも含まれているのである。

「早く見つかってよかったですね！」などと医者に言われたりすると、「やはりがん検診を受けておいてよかった」とほっと胸をなで下ろし、見つけてくれた医者に感謝したくもなるだろうが、本当は早期発見のおかげで治ったわけではない。それで治るがんであれば、別に発見が遅くたって治るのである。

また、がん検診自体がノーリスクではない。例えば女性の乳がん検診の主流となっているマンモグラフィは放射線による検査なので発がんリスクを上げる。つまり検診を受ければ受けるほどがんのリスクが高まるのである。

昔は検査の種類が限られていたので、相当進行してからでないとがんは見つけられなかった。例えば胃がんが見つかってすぐに手術をしたとしても、1960年代までは、5年生存率が30％台だったのはそのせいだ。しかし、逆にいえばそこまで行っても30％の人は5年以上生き延びたということでもある。つまり、もともと治るがんであれば、発見が遅れたとしても命を取られることはないわけだ。

早期発見の必要がないがんもある

がんで死ぬ人を減らせないのは、人の命を奪う悪性度の高いがんへの対処法がまだ確立されていないからにほかならない。がんで死ぬかどうかは、発見の早さではなく、その悪性度によって決まると言っても過言ではない。

僕の知り合いの医師で『医師に殺されない47の心得』(アスコム)、『がん放置療法のすすめ』(文春新書)などたくさんのベストセラーがある近藤誠は、がん細胞が発生した時点でそのがんが悪性かどうかは決まっているというが、僕は正直そこまで極端ではないと思っている。

確かに最初から悪性というがんもあるだろうが、細胞分裂する過程で悪性に変異するものもあるだろう。最初は1つのがん細胞から分裂しても、いろいろなタイプのがん細胞が生まれるに違いない。

いずれにせよ、問題は悪性のものと良性のものを早期の段階で区別する方法が今のところ確立されていないということだ。

ここまでの話をいったん整理しよう。

がんというのは、大きく分けて次の3つのタイプがある。

①自然に消えてなくなるもの

②なくなりはしないが、極めて進行が遅いか、ほとんど変化のないもの

③悪性度が高いもの

症状が出ていなくてもがん検診で見つかったがんは、とりあえずすべて③だと見なされ、治療が始められることになる。多くの人に崇められる早期発見の段階では、①や②と③の違いは判別できず、悪性度が高いものである可能性がある以上、放置するのは危険だと判断されるからだ。

ほとんどのがんは手術や抗がん剤、放射線などの治療をしたあと、5年とか10年たっても再発や転移がなければ完治したと見なしてよいなどと言われている。しかし、その人のがんは①か②のタイプ、つまり、近藤誠が言うところの「がんもどき」であった可能性はある。がんもどきであれば、治療しなくても命に別状はなかったのだが、それを見分ける方法もないので、医者は治療したから治ったと言うに違いない。

僕ががん検診を受けない理由

もちろん、がん検診によって最初期で発見されたとなれば（といっても、がんが発現するまでにはがん細胞が発生してから最低でも10年はたっているのだが）、治療自体は最低限のもので済む可能性が高いだろう。そういう意味では仮に無駄な治療をする羽目になっても、体へのダメージは比較的小さいと言えるかもしれない。「がんは早期発見できれば治療もうんと楽ですよ」というのもがん検診のセールストークのひとつである。

しかし、たとえ「最初期で見つかってよかったですね」などと言われても、「がん」と呼ばれるものが見つかると、誰だって平穏ではいられないだろう。しかも「手術できれいに取り去りました」と言う割に、医者はその後の経過観察を課してくるはずだ。半年に1回とか一年に1回程度の頻度で定期検診に通うたびに、再発の不安と闘うことになる。

僕はその経験がないからはっきりとしたことは言えないけれど、その経験をした周りの人たちを見ていると、完治の目安となる5年から10年を超えるまでは戦々恐々と過ごしているように思う。もちろんなかにはそれを受け入れて前向きに生きている人もいるが、がんとは知らずに毎日を楽しく生きる10年とはまったく違う10年になるのは間違いないだろう。

そうはいっても悪性度の高いがんである可能性を考えると、やはり手遅れにならないうちに早めに治療をしておくほうが安心だと思う人がいるかもしれない。

しかし、悪性度が高いがんというのはそのほとんどが転移性で、発見されたときにはすでに転移している可能性が高い。こう言っては身もふたもないが、早期に発見して治療を始めたからといって治るとは限らないのである。

若い人のがんは悪性になる前に除去できる可能性もあるので手術という選択肢もあるし、血液のがんは抗がん剤がよく効くのでこれも早い治療が有益である。

しかし、60歳を超えるくらいになってから発症するがんは、悪性度が高いものでも一般的に進行が遅い。実際になんらかの症状を呈するようになるまでは15年以上かかることもある。つまり、体の中にがんがあったとしても、自分は健康だと思い込んだまま15年くらいは楽しく生きられる可能性もあるわけだ。

老人の場合は余命も限られているのだから、場合によっては自分が悪性のがんだと気づかぬまま寿命のほうが先に果てる可能性さえある。これこそまさに知らぬが仏というものだ。かつて老衰で死んだと思われた人の何割かは、実はがんだったのではないかと僕は考えている。

そう考えると老人のがんは、たとえそれが悪性だったとしても、早期発見のメリットはあまりないように思われる。症状が出てから治療すれば十分だし、治らないものはどちらにしても治らない。だったら、ケアをするのはできるだけ遅いほうが幸せなのではなかろうか。

このようにたいしたメリットがあるとは思えない「早期発見」や「早期治療」が叫ばれるのは、我々の命を守るためでも国の医療費削減のためでもない。厚労省の利権と医者の金儲けのためなのだ。

だから僕はがん検診は受けないと決めている。

老人に抗がん剤はあまりに酷である

検診は受けないにしても、体の具合が悪くなって医者に診てもらったら、がんであると告げられた場合、老人にはどのような選択肢があるだろうか。

人間に限らず、ほとんどの野生動物はがんになる。そして、自分ががんであるとの自覚をもたないまま、そしてもちろん治療もしないままそこそこ元気に過ごし、ある日突然ころっと死んでしまうのが普通である。

人間の場合も、たとえそれが悪性のがんでも、そのまま放置すれば比較的穏やかに死ねることも多いらしい。しかも、最期まで比較的元気でいられたりもするようだ。

がん患者が苦しむ理由の大半は、抗がん剤の副作用や手術で刺激したことで生じる痛みなので、できるだけ苦痛なく静かに生涯を終えたいと考えるなら、あえて治療はしないというのも選択肢のひとつだと思う。

少しでも余命が延びることを期待する場合は、治療に踏み切ることになるのだろうが、体力のある若い人ならともかく、老人の場合はかえって命を縮める危険もある。

特に抗がん剤による治療は、余命を延ばすことの優先度が高い若い人ならともかく、どっちにしたって先がそう長くはない老人の場合は、侵襲の強い抗がん剤のような治療はあまりしないほうがいいと僕は思う。

最近は患者のＱＯＬの維持という考え方が広まったこともあり、一定の年齢以上の患者には積極的な治療はせずに「がんと共存する」という方法を提示する良心的な医者も増えてきたとは思うが、標準治療だとかなんとか言って、相変わらず手術＋抗がん剤をすすめてくる医者はいる。

「この治療を受ければ治る可能性がありますよ」と言われれば心が揺れるかもしれないが、そこは冷静にメリットとデメリットを考えながら自分自身で判断すべきだ。もしも高齢の家族がそういう状況にある場合も、本人の意向は尊重すべきだと思う。僕は絶対に嫌だけど、とにかく一日でも長く生きることが最優先だという人なら、苦しい治療にも耐えられるのかもしれない。

僕の知り合いの人はまだ50代だったが、膀胱がんと診断されて抗がん剤の治療を始めたらたった2か月で亡くなってしまった。抗がん剤治療をしていなければもっと長く生きられたはずだ。苦しみだってそれよりうんと少なかったに違いない。

別の90代の知り合いは、手術は成功したのに、念のためにと抗がん剤を投与され、その後2週間で亡くなってしまった。とりあえず悪い部分を手術で取り去るだけならそれもありかと思うけれど、抗がん剤による治療は体力が低下している老人には負担があまりにも大きいのだ。

「夢の薬」は決して万能ではない

抗がん剤は、強力な薬の力で分裂しているがん細胞を叩くことを目的に投与される。いわば力業でがんに対抗する方法なので、その一方で分裂している正常な細胞まで叩いてしまうことがあり、それが激しい副作用を起こす理由である。

初期のがんは消えることがあると先に書いたが、これは体にもともと備わって異物を排除しようという免疫の働きによるものだ。

生き延びるがん細胞は、この免疫の仕組みをかいくぐってその攻撃から逃れ、増殖していくのである。

免疫は、その働きが強ければがん細胞のような異物を叩きやすくなる一方、あまりに敏感に働くと、異物でないもの、つまり自分の体の組織まで攻撃してしまい自己免疫疾患を引き起こす。そこでT細胞（免疫細胞の一種）の表面にある「免疫チェックポイント分子」と呼ばれるタンパク質が、T細胞がむやみに活性化して自らの細胞を攻撃するのを抑えているのである。

免疫に攻撃されないがん細胞は、自己の細胞表面にある特殊なタンパク質を免疫チェックポイント分子に結合させ、免疫チェックポイントの効き目を強化する。そうすることによってT細胞の活性化を抑え、自分が攻撃されるのを防いでいるというわけだ。

このような知能犯のがん細胞に打ち勝つ薬として開発されたのがノーベル賞を受賞した本庶佑氏やJ・P・アリソン氏のチームが開発した「免疫チェックポイント阻害剤」である。

この薬は、T細胞の免疫チェックポイント分子とこれに付着してチェックポイントを強化するがん細胞の表面にある分子の結合を阻止してT細胞を活性化させ、がん細胞を攻撃させようというものだ。

抗がん剤でがん細胞を直接叩くという考え方とは一線を画す画期的な方法で、自らの免疫力を利用するので副作用もない「夢の薬」の誕生だと言われ、実際にこの薬によって、どんな薬も効かなかった進行がんの患者のがんが縮小したという事例も報告された。

しかし、だからといってこの薬も万能ではないようだ。免疫チェックポイント阻害剤がまったく効かないがんもあるらしい。がん細胞が免疫の働きを阻害しているのは間違いないものの、その方法はひとつではなく〝騙しのテクニック〟はほかにもたくさんあるからだ。

また、免疫にブレーキをかける機能自体、人間の体を健康に保つために備わっているもので、その働きを解除すれば何かしらの不都合が出るのは当然であろう。自己免疫疾患などの重篤な病気を引き起こす可能性もかなり高い。とにかくがんを叩くことが優先される場合はそこには目をつぶらざるをえないだろうが、「免疫チェックポイント阻害剤」には副作用がまったくないというのはウソである。

やはり、がんというのは相当やっかいな病気である。これだけ医療が発達しても、その根絶にまでは至らないことがその難しさを何より物語っている。

そんな複雑な病気なのに、「標準治療」というものが存在すること自体、僕は疑わしいと思っている。「標準」というといかにも効きそうであるが、敵のタイプもこっちの体のタイプもバラバラなのだから、どの治療法が最善なのか事前にはわからない。

もちろんこの先、さらに画期的な治療薬が出てこないとは限らず、老人の体にも負担が少なく、すっかり治してくれるというなら素晴らしいことだが、現時点でのがんの根治治療と称するものは、老人にとってはかなり命がけだと思ったほうがいい。

誤解のないように書いておくが、がん検診を受けるかどうか、またいざ、がんと診断された場合にどの程度の治療をするか、それとも放置するかなどは、その人の人生観や死生観にかかわる問題だ。ここまでの話も、あくまでも僕の個人的な考えであって、これが正解だと言いたいわけではない。もちろん何がなんでも医者と対峙しろと言いたいわけでもない。

ただし間違いなく言えることは、相手がその道のプロだからと過信して、医者の言いなりになることは必ずしもその人にとっての最善ではないということだ。

何が最善であるかを決められるのは自分だけなのである。

積極的な健康診断で得をするのは誰？

がん検診はおろか、僕はろくすっぽ健康診断も受けていない。

健康診断というのは、他人のデータとの比較である。例えば血液検査の結果にしても、「たくさんの人の平均値」と比べてその人はどうか、ということが問題になる。その平均値から外れてしまえば、生活習慣を変えろだの、薬を飲めだのと言われてしまう。なんの症状もないのにうっかり初期のがんを発見されてしまうかもしれないから、油断ならない。

5年ほど前、風邪がなかなか治らないので仕方なく病院に行ったとき、「一度くらいは血液検査を受けてください」としつこく言われて、いやいや血を採ることを承諾したのだが、ＨＤＬコレステロールが上限とされる値の倍くらいあって驚かれたことがある。

ＨＤＬコレステロール値というのは、いわゆる善玉コレステロールなので、数値が高くても体に不具合は起こらない。なのにその医者はそれを下げる方法を思案していた。挙げ句に「お酒のせいかもしれないので、２週間断酒してそのあともう一度検査しましょう」と言いだした。

仮に断酒によって数値が下がったとしたら、「やっぱりお酒のせいでしたね。じゃあ、これからは飲むのを控えてください」などと言われるに決まっている。そのときの僕は風邪をひいてはいたが、それ以外の体調不良はみじんも感じていなかった。なぜそこまでして平均値に戻したいのか、僕にはまったく理解できない。

そういえば僕の知り合いの痛風持ちは、尿酸値が基準の上限ギリギリのときに最も痛みが出るが、それを超えると逆に痛みは収まるのだそうだ。しかし、しょっちゅう病院で検査をしていて、上限を超えると即座に数値を下げる薬を飲まされるので、また痛みがぶり返すのだという。こうなると、正常値と言われるものが本当に正常値なのだろうかと疑いたくもなる。少なくとも彼自身の正常値はもっと高いところにあると考えるのが妥当だと思うのだが、一般的な正常値に引き戻すのが医者の役割だということらしい。

もちろん数値というのはわかりやすいので、健康のバロメーターとして利用できないわけではない。ただし、比べるべきは自分自身の正常時の数値である。つまり、体の調子がいいときにいくつかの項目の数値を何回か測っておいて、その平均値を自分の正常値と考え、それから大きく外れるような場合には何かよからぬことが起きていると判断し、その対応を考えるというのなら十分理にかなっていると思う。

そもそも基準値などいくらでも操作できるので、病気予備軍をつくるのは簡単である。

その典型が高血圧の基準値で、かつては「160／95㎜Hg以上」だったものを、日本高血圧学会が2000年に「140／90㎜Hg以上」に引き下げ、さらに現在は基準値とは別に「降圧目標」なるものを定めて、130／80㎜Hg以上は治療せよと指導している。自分自身は何も変わっていないのに、基準が変わったせいで高血圧の烙印を押され無理やり降圧剤を飲まされている人がたくさんいる。

自分の体調に変化がないことくらい自分がいちばんよくわかっているはずなのに、新基準を採用した医者という立場の人に「あなたは高血圧ですよ」と言われると、すっかり病人になった気分になってしまうが、これでは医者の思う壺なのである。医者はボランティアではなく商売なのだから、誰かを病人にすることで儲けているのだということを忘れてはいけない。

「正常値」にさしたる根拠はない

長生きを目標にして、せっせと健康診断を受けている老人ほど、ストレスフルである。

「健康体ですよ」と太鼓判を押してもらえれば、長生きへの希望がふくらみ、大満足なのだろうが、話はそう甘くはない。人間の体は自然物で、常に同じ状態ではない。そもそも年を取っているのだから、体にガタがくるのは当たり前なので、体のすみずみまで調べれば、なんらかの異常が見つかるのが実は「正常」なのだ。

子どもの頃から健康が正常で、病気は異常だと教えられてきた現代人の多くは、どんなささいな異常も許容できなくなっている。

このような「健康原理教」の熱心な信者は、いつも何かしらの不安を抱えることになる。その不安を払拭するために、たくさんの薬を飲み、さらには酒を控えろ、タバコはやめろ、運動しろ、という医者の言いなりになり、世の中にあふれる健康情報に溺れて過ごすことになれば、ただ長生きのためだけに余生を棒に振ることになりかねない。

それどころか、医者の指示どおりに生活習慣を〝改善〟すると、かえって寿命を縮めることもあるらしい。

フィンランド保健局が1974〜1989年の15年にわたり、40〜45歳の管理職に就く約1200人の男性を対象に行った調査がある。

ランダムに約600人ずつのグループに分け、一方には5年間、4か月ごとに定期健診を行い、血圧やコレステロール値のコントロールなど医者が適切と思う介入をした。残りの半数には特に何もしなかった。そして15年間の死者数を比べたところ、介入群では67人、非介入群では46人だったのだ。健康診断推進派にとっては衝撃的な結果となったこの現象は「フィンランド症候群」と呼ばれている。

また、メタボの基準とされるBMI値やコレステロール値や血圧も、国や医者がお墨付きを与える「正常値」より、もっと高い人たちのほうが実際の死亡率は低いのである。

つまり、いわゆる「正常値」にはさしたる根拠がないということだ。

だからといって「血圧やコレステロール値、BMI値が高ければ長生きできる」と考えるのは早計だが、医者の指示を守り続けて無理やり「正常値」を維持するために薬を飲むのは、かえって体に悪いと考えるほうがいいだろう。

もっといえば、真面目な人ほど医者の言うことを信じて、健康によかれと思うことを心がけるが、これこそストレスの溜まる原因となり、寿命を縮めることにつながるに違いない。

しかもその根元にあるのは「長生きしたい」「健康でいたい」という希望なのだか

ら、なんとも皮肉な話である。

「長生きを目標にすると人生はつまらなくなる」というのは僕の持論だが、それだけでなく、命を縮める要因にもなるのだとすれば、何をかいわんやである。

先のことなど考えず、適当に今を楽しく過ごすほうが、結果的に長く生きられるのだとしたら、そっちのほうが断然得ではないか。

「長生きなんてどうでもいい」と考える不良老人のほうが、案外しぶといのである。

第5章

人づきあいは必要だが「適当」ぐらいがちょうどいい

大事なのは頭の中の「多様性」です

寂しさを抱えているから騙される

「他人とつきあう」ことは、社会的動物である人間の基本的な性質である。孤独を愛するタイプの人間もいないわけではないが、孤独に耐えられるというのは実は極めて特殊な才能なのである。多くの人は孤独に耐えられるようにはできていない。

定年退職した直後などに、日常的に会ったり会話をしたりする人の数が大幅に減ってしまうと、なんともいえない寂しさを感じてしまう理由も、ひと言でいえば、あなたが普通の人間だからである。最初は気楽でいいなどと思っていても、次第に気が滅入るようになるのは当たり前のことなのだ。

「寂しい老後」というのは、その文字面だけでも切なさを醸し出すが、老人が寂しさを抱えたままでいるとロクなことにならない。

例えば詐欺師がターゲットにするのは、なんらかの「寂しさ」を抱えた人である。それは「寂しさ」につけ込むのが最も簡単に他人を騙す手口だからだ。独り暮らしの老人ばかりが狙われるのは由ないことではないのである。

騙されないためにも、そしてもちろん楽しい老後を送るためにも、寂しさを我慢するというのは避けたほうがいい。独身を貫いた人や離婚した人、あるいはつれあいを亡くした人など、たった独りで過ごす時間が長い人であればなおさらだ。一緒に過ごす家族がいても家族とだけつきあうというのではつまらないから、やはり老人であっても、知り合いはいないより多少はいたほうがいいのは確かだろう。

「会食」は人間だけの楽しみである

誰かと親しくなりたいのなら、会食の機会をつくるのが手っ取り早い。ただしゃべってるだけではなかなか親密になれないが、そこに「食べる」をくっつけることで、一気に親密になれる。それもあって昔からデートの定番は喫茶店とかレストランなのである。遊園地や映画に行っただけでバイバイしているうちは、なかなか距離は縮まらない。

野生動物にとって食べることは生きることである。だから誰かと一緒に食事を楽しむなどという余裕はない。獲物を横取りされないよう常に周りに気を配っており、子どもに分け与える以外、われ先に食べるのが普通である。食べ物を前にして仲間が来るまで待ち、みんなが揃ってから食べ始めるような動物などいない。排泄は公然とするニホンザルも、食事の際は誰にも見られないよう後ろを向き、こそこそ食べることが多い。

つまり、一緒にゆっくり食事を楽しむなんて呑気なことができるのは人間だけである。会食とは人間という動物だけが持つ貴重な楽しみであり、心を豊かにする秘訣でもあるのだ。

逆にいえば「個食」というのはおよそ人間らしからぬ状況であり、それを続けているとやはり寂しさを禁じ得ない。そういう意味で、3密（密閉・密集・密接）回避のため、会食に二の足を踏まざるをえない状況を生み出してしまったコロナ禍の影響は深刻だと思う。人類学者の山極壽一（前京都大学総長）も、会食などの社会的なコミュニケーションが減少することにより、人間社会のありようが変質するのではないかと心配している。

老人にもある「いじめ問題」

人づきあいは大事だが、あまりにもタイトなつきあいとなるとむしろストレスになるので、ほどほどの距離を守るほうがいい。

もっとも、何をもってほどほどというかは人それぞれである。

僕なんかは、週に一度くらいカミさん以外の誰かと話せばそれで十分満足だが、特に女の人には毎日誰かとおしゃべりしないと気がすまないという人も多いようだ。

誰かに会って、にこにこしながら自慢話をしたり、逆にグチをこぼしたりして何時間も結論の出ないことをただしゃべることのいったい何が楽しいのだろうかと思ったりもするが、よく考えてみればそういう人たちは、おしゃべり自体を楽しむことで、社会的動物としての本能的な欲求を満たしているのだ。だからそれはそれで意味がある。

自分のつれあいが毎日そんなことを繰り返していると、くだらないとバカにしたくなるかもしれないが、その楽しみを取り上げてしまうと、とたんにしょげ返ってしまいかねない。具合が悪くなってしまう可能性だってあるのだから、そこは温かく見守るべきであろう。

　何人かの仲間とグループでつきあうのも楽しいが、親密さが増すにつれて出てくるのが「いじめ」の問題である。

「いじめ」は子どもの世界だけにあるわけではない。直接顔を合わせてコミュニケートする集団においては、たとえ老人であっても「いじめ」というのは存在する。

　表面的には仲がいいように見えたとしても、全員の考えがいつも一致するわけではない。また、意見の違いや行動様式に違いがあったりして、そのどちらかが多数派になると、多数派に与しない人は疎んじられるようになる。これが日本社会に根強い同調圧力というもので、それがエスカレートするのがいじめである。マイノリティを排除しようとする人間の心理は、残念ながらなかなか払拭されそうにない。「悪いのはいじめるほうだ」という正論は当事者には通用しにくいのだ。

「自分の考えは変えられない」というのであれば、その集団から抜けるのがいちばんである。顔を合わせなくなれば、基本的にはもうそれ以上いじめられることはない。

そこにいないやつをいじめても仕方がないのだから当然だ。

子どものいじめが深刻なのは、どんなにいじめられても、学校という社会がつくり上げた集団からなかなか抜け出せないことに原因があるのだと思う。SNSでのいじめも問題になっているが、その元凶は、現実に属している集団が同じなことであり、最初からSNS上だけのつきあいなのであれば、いじめなど起こらない。この先、オンライン授業というものが主流になり、子どもたちが直接顔を合わせる機会が減るにつれ、いじめも減るのではないかと僕は考えている。

自分の頭の中に「多様性」を持つ

気に食わない人を避けてばかりいると、間違いなく知り合いの数は減る。無理をしてまで嫌いな人とつきあう必要はないと思うので、それはそれでもいいのだが、知り合いレベルであれば、無理に排除しなくても、喧嘩しない程度にうまいことやっていくことはできる。

ちょっとくらい意見が違っても、少しでも一致しているところがあればまあいいかと妥協して、それ以外の部分はあまりぐちぐち考えずにペンディングにしておく。老人同士のつきあいは、それくらいの「適当さ」がちょうどいい。

そのへんの加減がうまかったのは昔の自民党である。とりあえず最低限のところだけ意見が一致していれば、厳密なところでは意見がバラバラでもまあいいかという適当な党だからあそこまで大きくなれたのである。新しい党ほどとにかく全員の意見を一致させようとするのだが、そのようなやり方ではかえってバラバラになりやすく、党として大きくなることはできないと思う。

「自分自身が楽しくなる」ためにも、「他人と楽しくつきあう」ためにも、自分の頭の中をいつもニュートラルにして、「多様性」を維持しておくのがいい。それはつまり、自分の今の考えがAだからといって、反Aを拒絶するのではなく、状況に応じてそっちに切り替えられるようないい意味での「適当さ」を持つということだ。トランプが嫌いならバイデンが好き、アメリカが嫌いなら中国が好き、などと敵と味方に分けて考える人ばかりだと、最後は戦争するしかなくなってしまう。

マイノリティの権利を守る「多様性」への対応は社会的なテーマになっているが、自分の頭の中にも「多様性」があれば、人生というのはうんと生きやすくなる。

他人の言動が必要以上にひっかかるのは、「これだけが正しい」と思い込んでいるせいだ。つまり、自分の頭の中に「多様性」がないのである。

自分が気に食わないものをいちいち解決しなければ前に進めないとなると、人生なんてあっという間に終わってしまう。他人の言動について気になることがあったとしても、あまり深くは考えず死ぬまでペンディングにしておけばいい。そのへんをうまくスルーしてやりすごす能力というのも、楽しい老後のためには必要だと思う。

老人にとっていちばん大事なのは、自分の今の生活を楽しむことであり、気に食わないことにいちいち目くじらを立てることではない。人づきあいは大事でも、だからといって必死になる必要などなく、片手間にやるくらいのつもりで適当にやっていればいいのである。

「これだけ」「これしか」という考え方は、実は相当にリスクが高い。前述した人間の「広食性」は、考え方にも必要なのだ。

人との「距離感」を誤るからトラブルになる

「多様性」は頭の中だけでなく、他人に対する対応にも必要だ。

僕も大学にいた頃は、いろんなタイプの学生たちとつきあってきた。最初はさぐりさぐりだが、半年くらいたてば、それぞれの学生たちとどの程度の距離感でつきあうべきかもなんとなくわかってくる。

例えば、この子は少し厳しく指導しても大丈夫でそのほうが伸びるかな、とか、この子はデリケートな子だから接し方に気をつけないといけないな、といった具合だ。

近年、たびたびニュースになるセクハラやパワハラというのは、相手が感じている距離感と自分が考えている距離感とが合致しないことで起こるのである。相手と自分は別の人間なのだから、考え方や感じ方が違うのは当たり前だということをまずは認めなくてはいけない。

厳しく接しても、それを愛情だと受け取る人がいる一方で、いじめだと受け取る人もいる。後者の場合はパワハラという話になりかねない。もちろん、運が悪いとか相手が悪いなどということでは決してなく、結局、相手との関係性によって良いほうにも悪いほうにも転ぶということだ。

だから、あまり親しくないうちは、相手がどんな人であるかをしっかり観察する必要がある。ちょっとめんどくさそうだなと思う人とは、それなりの距離感でつきあうほうが無難だろう。

若い頃ならともかく、老人になってから人間関係でトラブルを起こすのは、時間の無駄以外の何ものでもない。新しい人間関係に関しては必要以上に深入りせず、つかず離れずの距離感を維持するくらいのほうがちょうどいいと思う。

本当の友人とはどういう存在か

理想的なのは、広く浅いつきあいの知り合いがそれなりにいる一方で、心から信頼できて、いざというときに親身になってくれる友だちが数人はいる、という状況だろう。

文芸評論家の加藤典洋は私が早稲田大学にいた頃の同僚で、研究室がたまたま隣だったことで親しくなったのだが、彼が白血病だと診断されてから、以前にも増して深いつきあいをするようになった。

いろんな文献を調べながら治療法を一緒に考えたりもした。また、病気になってから書き始めたという詩を加藤さんはメールでたびたび送ってくれた。

なんとか生き延びてほしいと心から祈ったが、結局どの治療法もうまくいかず、告知を受けてから半年ももたなかった。「寛解して自宅に戻ったら、俺の持っている一番上等な酒を持って遊びにいくよ」と言いながら、握手をして別れたのが最後になってしまった。

体が弱ってきたり病気になったりすると、人はどうしても弱気になってしまう。僕にはまだそこまでの経験はないけれど、そんなとき自分のことを心底思ってくれる友人がいれば、やはり心強いだろうとは想像できる。

いざそうなったときに親身になって相談にのってくれる生涯の友が思い浮かべられれば、それに越したことはない。

よくないのは、友人関係にまで上下関係を持ち込もうとすることだ。どんな状況にあっても、自分が優位に立ちたいという人がいるけれど、そういう人には本当の友人はできないのではないかと思う。

養老孟司とはもう40年近いつきあいなのだが、僕より10歳も年上で、心から敬愛しているけれど、基本的には友人で、年上という以外の上下関係はないのが気持ちいい。

養老さんに感心するのは、誰に対しても丁寧で、しかも距離感が絶妙なところだ。世の中的にはものすごく偉い人なのに、偉そうにすることのない養老さんの周りには、いつもたくさんの人が集まってくる。それは養老さんと一緒にいると、誰もがリラックスして居心地よく感じるからだと思う。

まあ、ひと言でいえば、人徳があるということだね。

友人に上下関係はそぐわない

なんとなくつきあえる知り合いをつくるだけならそう難しくはないと思うが、年をとってから友だちを見つけるとなると、それは案外難しい。会社を離れて、仕事関係者とも利害関係なくつきあえるのかと思いきや、会社を離れたとたん、つきあいそのものがなくなってしまうということはよく聞く話だ。結局のところ、利害関係だけでつながっていたのだなと思うとなんとなく切ないが、まあ、仕事や会社というのはそもそもそういうものなのだからと割り切るより仕方がない。

もしもあなたがまだ会社勤めをしていて、会社をやめたあとも一人の人間として部下だった人たちから慕われたいのなら、今のうちにできるだけたくさん奢ってやることだ。人間というのは、食べ物を分け与えてくれた人をリスペクトする習性があるので、ケチな上司では絶対に慕われないと思ったほうがいい。

僕の場合、中学や高校の同級生たちと、60を過ぎた頃から何かのきっかけでやりとりしているうちに、当時はたいして親しいわけでもなかった相手と、思いがけず親しくなるということがよくあった。

竹馬の友とはよく言ったもので、やはり昔を知っている相手とは、ずっと交流していたわけではなくても、親しくなりやすいのかもしれない。もっと若い頃であれば、誰がどれだけ出世したとか妙な上下関係のようなものができたり、場合によってはなんらかの利害関係も生まれたりするのかもしれないが、じじばばになれば誰もそんなものは気にしない。だから、純粋に友人としてつきあえる可能性は高いと思う。

趣味の友だちというのも悪くはないが、趣味もまた、それに熱中すればするほど微妙な利害関係や上下関係、ライバル意識というものが絡んでくる。こいつより自分のほうがうまいと威張りたくなったり、逆にこいつにはかなわないと劣等感を抱いたり、ということがどうしても起こりがちなのだ。

そういうなかで本当に仲良くなれる人というのは、だいたい同じくらいの技量の人に限られる。僕の趣味である昆虫愛好家の仲間内でも、同じくらいの知識があり、同じくらいのキャリアがあり、同じくらいに造詣があって、同じくらい標本を持ってる者同士のほうがより親しくなる傾向があるように思う。

うちのカミさんはステンドグラスを作るのが趣味で、ときどき仲間と集まって一緒に作品づくりに励むのを楽しみにしているようだが、聞けばやはり集まっている人たちの技量はだいたい同じくらいだという。時折新人さんも入ってくるようだが、たいがいは初心者らしいから、そういう人が入ってくるぶんには問題ないのだろう。優越感をくすぐられるのだからむしろウェルカムといったところか。

もしも、ものすごく高い技量の人が突然入ってきて偉そうにされると、とたんにつまらなくなるに違いないと意地悪な予想をしたりしているが、今のところどうやらその気配はないようである。

マイナーな趣味で承認欲求を満たす

本当の友だちができるかどうかは別としても、楽しい老後を過ごすうえで趣味はやはりあったほうがいい。

若い頃から好きでずっと続けてきたものがあるならそれを継続するのがいちばんだと思うが、もしもこれから何か新しいことを始めようというのなら、できるだけマイナーな趣味をおすすめしたい。

うっかりメジャーな趣味を始めてしまうと、そのジャンルで人より目立つくらいの技量になれる可能性は低く、同好会的なものに入ったとしても、いつまでもペーペーで過ごすことになる。

別にそれでも構わないと最初は思うだろうが、いつも人より下ではやはり面白くない。せっかくの趣味で劣等感を感じる必要などないのだから、それなりの技量になって、人より目立つくらいになるものを選ぶほうが絶対に楽しい。

人間にはいくつになっても承認欲求というものがあり、それが満たされると生きる気力にもつながる。これから趣味を始めるのなら誰かに「すごい！」と言われる機会を得られやすいものを選ぶほうが、生き生きとした老後を過ごせる可能性が高いと言えるだろう。

ゴルフや釣りなどに誘われることは多いだろうが、うっかり乗っては損である。メジャーすぎて、うまいやつなんて掃いて捨てるほどいる。ライバルは少ないに越したことはないのだから、マイナーな趣味のほうが絶対に得なのだ。

子どもの頃から虫採りが好きだったという人なら、僕のような昆虫収集を趣味にするのもいい。

昆虫収集は道具にそれほどお金もかからず、自然と触れ合い、ほどよい運動にもなるのは前述のとおりだ。ただし、採集する昆虫はなるべくマイナーなグループを対象にするほうが面白いと思う。チョウのような、それこそ〝超〟がつくほどメジャーなグループには、途方もないコレクターがたくさんいるので、老人になって始めたところで優越感を感じる場面には遭遇しにくい。

チョウの次にコレクターが多いのが、クワガタかカミキリムシである。クワガタと肩を並べているのが意外に思うかもしれないが、カミキリムシというのはかなり人気のグループなのである。

実はクワガタムシは日本に40種を少し超えるくらいしか生息していない。これくらいの種のレベルなら集めようと思えば意外と簡単に集まってしまう。片手間で集めている僕でさえ、割とすぐに集めることができたくらいだ。クワガタ自体は人気があっても、比較的簡単にゴールに達するぶん、収集欲を満たすという意味ではイマイチなのである。もちろん、すべての個体変異を集めようとか、世界のクワガタを全種集めようとかすれば別だが、これだと多すぎて逆に集める意欲がそがれてしまう。

その点カミキリムシは、前述したように日本だけでも750種以上いる。とりわけ、一番人気の「ネキダリス（属）」には珍しいものがたくさん含まれており、ネキダリス全種を捕まえることを目標にしている人も多い。実際にそれを達成した人がいて僕もそれを目指しているのだが、どうしてもヤクシマホソコバネカミキリだけが採れないのだ。

もちろん、売っているものを買えば手に入るが、やはり自分で捕まえたものというのは愛着度が違う。だから、「こいつを捕まえるまでは死ぬに死ねない」と公言しているので、「今年も採れなかった」とため息をついていると、「じゃあ、まだ死なずにすんでよかったですね」などと笑われるのだが、僕自身は悔しくて仕方がない。

2020年はコロナ禍のせいで屋久島に出かけられず、貴重な1年を棒に振ってしまったが、来年こそはなんとか捕まえたいものだ。

カミキリムシを集めるようになったのは大学4年生の頃からだけれど、いまだに飽きることはない。あんなに小さな虫を50年以上も追いかけ続けていることを考えると自分でも驚くが、まあ「生きがい」だから仕方がない。

60を過ぎてからの趣味の選び方

少し話がそれてしまったが、要するにチョウやクワガタ、カミキリムシといったメジャーな虫にはすでに多くの収集家がいて、高いレベルで腕を競い合っているので、時間がたっぷりある若い人ならいざ知らず、60を過ぎてから始めても絶対に追いつけないだろうということだ。

だから最初はそれなりに面白くても、日暮れて道遠しと思うと長続きしない。もしもこういったメジャーな虫を集めたいなら、その中での比較的小さなサブグループに特化するほうが長続きする。カミキリムシにしても、その全般ではなく、例えば「ピドニア」というグループを徹底的に研究するとかね。

もちろん、多くの人は、その道でいちばんになろうなどと欲張ってはいないと思うけれども、年を取ってから始めたとしても多少とも名をあげたいと思うならば、あまり他人が手を出していない趣味を選んだほうがいい。

ササラダニの世界的な権威でもある横浜国立大学の青木淳一名誉教授は、定年までに400種以上の新種を発見している。

しかし定年退職後には、ササラダニの研究は後継者に譲り、子どもの頃に好きだったという理由で甲虫の研究を始めた。青木さんが賢かったのは、クワガタやカミキリムシといったメジャーなグループではなく、あのウィキペディアにも項目がないほどマイナーなホソカタムシという甲虫のグループの研究を始めたことだ。当然、ライバルと呼べる人などほとんどおらず、あっという間に第一人者と呼ばれるようになった。

本人は「俺しかやってないんだから第一人者なのは当たり前だ」と言っていたが、自分が採集して調べたものがどんどん新種として記載できれば楽しくないはずがない。しかも、本格的に研究している人がほかにいないので、青木さんのもとには虫仲間が片手間に採ったホソカタムシがどんどん送られてくる。

青木さんは現在、85歳だが、5年ほど前に話をしたときには、人生で今がいちばん楽しいとおっしゃっていた。まさに理想的な老後の過ごし方ではなかろうか。

誰も知らないようなマイナーな虫を選べば、普通の人でも青木さんのように第一人者と呼ばれるまでになれる可能性もゼロではない。もっとも青木さんはもともと分類学者だったので、もちろん素人とは素養がまったく違う。そういう意味では特殊な例だと言うべきだろう。

しかし、素人でも諦めることはない。生態とか分布といったテーマは素人でも比較的手を出しやすく、詳しく調べれば新しい知見が得られる可能性もそれなりにある。

とりあえず集めることを目標にするなら、同じマイナーでもちょっとくらいは知られているものにしないと、理解してくれる人が誰もいないということになりかねない。苦労して採っても「何それ？」などと言われたら、さすがに面白くないので、ほどほどのマイナーぶりがいいかもしれない。

例えばゴマフカミキリ属とか、イトトンボ科など、もともと20～30種くらいが属するグループを選べば、全部集めるのもそう難しくはない。どのあたりを狙うかの案配は難しいが、まあ虫自体はほかにいくらでもいるのだから、もしも意外に早く集めきってしまったのならまた別の虫を探せばいい。

もちろん、趣味なのだから気楽なのがいちばんという考え方にも一理ある。しかし、せっかくやるのだから、「いい気分」になれるものを選ぶのは悪いことではないと思う。

虫採り以外でも、マイナーな趣味を選べばライバルも少なくて、自分がいちばんだといい気分になれる可能性は高い。マイナーであるぶん趣味でつながる仲間は見つけにくいという難点はあるが、これだけは負けないという自負心があれば、老後はより豊かなものになるに違いない。

元気なうちにつれあいと楽しく遊ぶ

子どもが巣立ったあと、ふたりきりの生活が始まってもお互い好きなことをやっているという夫婦は多いが、なかにはふたりであちこちに出かけている夫婦もいる。

そもそも考えてみれば、子育てが終わったあともオスとメスがそのまま一緒に暮らす動物というのは人間以外聞いたことがない。

とはいえ、せっかく同じ屋根の下で暮らしているのだから、つれあいというのは最も身近な遊び相手だと言える。コロナ禍がこのままくすぶり続けるとしたら、同居する家族以外の人とは思うように会えない状況が続くのだろうし、つれあいに孤独を癒やしてもらうしかない。その最後の砦とは良い関係を維持しておきたいものである。

老後でお互い暇な者同士、一緒に外に出かけるのも悪くない。僕のカミさんは美術館とか水族館が好きなので、僕もたまにつきあっている。もはや互いに空気のような存在になっている相手ではあっても、一緒に出かけられる時間というのも永遠ではないのだなあとふと思ったりすると、その時間が愛おしく感じられる。年齢も似たり寄ったりなので、互いの体力を気遣いながらのんびり出かけるのは気軽で楽しいものである。

60になる少し前にカミさんとふたりでロンドンを旅行したことがある。飛行機とホテルだけを事前予約して、あとは行き当たりばったりのまったくの自由旅行だったのだが、あれは本当に楽しかった。カミさんも同じ気持ちらしく、ときどきふと思い出してはふたりで当時を懐かしんでいる。自由に海外旅行に行ける日というのがいったいいつ戻ってくるのかはわからないが、生きているうちにもう一度カミさんを連れてどこかに行けたらいいなあと思っている。

夫婦の思い出話というと、子どものことばかりになりがちだが、子どもが独立したあと、お互いがなるべく元気なうちに夫婦だけの思い出をつくっておくことは、老後のいい話のネタになるのでおすすめである。

「食べる」の共有で良くも悪くも親密に

夫婦で趣味も同じというのならそれに越したことはないが、それぞれに違う趣味があるのなら互いに尊重すべきだろう。

子どもが独立したあとからはカミさんも暇になったので、僕の虫採りにつきあってくれることもあったが、あまり面白くなかったようで、今はもうステンドグラスの作品作りに夢中である。最近は僕のリクエストに応えて、虫をモチーフにした作品も作ってくれるようになった。絵心のない僕からすると、尊敬に値するような出来栄えで、何より僕のために作ってくれたのだと思うと、やっぱりうれしい気分になる。カミさんにしても、プロでもないのにリクエストを受けて作るというのは気分がいいようだ。

結果として互いに機嫌よくいられるのだから、Ｗｉｎ－Ｗｉｎだと言えるだろう。

もうひとつ、夫婦が穏やかに老後を過ごすコツは、やはり一緒に食事をすることだと思う。「食べる」という行為を共有しなければ、人は急速に親密さを失っていくからだ。

そして、この習性は相手の浮気防止にも役立てることができる。つまり、食事は極力つれあいと一緒に取るようにして、別の誰かと「食べる行為」をなるべく共有させないようにすれば、自分以外と親密になるのを防ぐことができるからだ。

いい年をして浮気などするのだろうかと思うかもしれないが、これにも個人差があるので絶対にないとは言い切れない。男性も女性も、性ホルモンは20～30歳をピークにあとは減少していくので、年齢とともに性欲が衰えていくのが普通だろう。65歳を過ぎれば、もうすっかり枯れているという人も多い。しかし、70を過ぎても枯れる気配さえない人もまれにいる。もしも浮気されたくないのなら、用心するに越したことはないだろう。

人を好きになるのは突然発症する病気か事故のようなもので、避けられない側面がある。もし、どうしても浮気をせざるを得ない羽目になったら、バレないよう絶対に口外しない決心が必要だろう。誰も知らないことなら、なかったことと同じである。

特に男性の場合は、ちょっと若い女の子と仲良くなるとそれを誰かに自慢したい気持ちを抑えられず、うっかり誰かにしゃべってしまうことが多いみたいだ。それで結局は奥さんにバレてしまう。

男女とも晩年になってつれあいと揉めたくないのなら、何がなんでも秘密は墓場まで持っていったほうがいい。

孫と遊ぶことには生物的な価値がある

自分の長生きに過度な価値を見いだす人がいる一方で、「自分の遺伝子を残すという生物としての存在理由を考えると、子どもをつくり、育てるという役割を終えた老人は、若者の食べ物を奪うぶん、むしろ有害だ」などと言う人もいるが、必ずしもそうではなさそうだ。

「おばあさん仮説」という、多くの動物では閉経後のメスは長生きしないが、ヒトだけ長生きするのはなぜかという問いに答えた仮説がある。

米国の人類学者ホークスらが唱えたこの仮説は「孫の面倒をよく見てその生存率を上げる貢献をすれば、結果的に自分の遺伝子をたくさん残すことができる」というものので、つまり「長生きして孫の面倒を見る」ことも、立派な「生物としての存在理由」であるというわけだ。

長生きには進化的な理由はなく、「種」にとっては、個体がどれだけ長生きするかなどあまり重要ではないというのが生物学の原則なので、以前は僕もこの仮説は眉唾ものだと思っていた。人間の長生きになんとか意義を見いだそうと、都合よく辻褄を合わせたものなのだろうくらいに考えていたのだ。

しかし、長生きで知られるイルカやアフリカゾウも閉経後のメスが孫の面倒を見ているらしいことがわかってきた。だとすると、この「おばあさん仮説」にも一定の信憑性があるのかもしれない。

いずれにしても世のおばあさんたちを見ていると、孫と遊ぶのが無上の楽しみという人は多いようだし、本人にとってそれが生きがいなのであれば、孫が嫌がらない範囲でおおいに楽しめばいいいと思う。

男性の場合は70歳を過ぎても生殖機能を維持できる人もいるので、そういう人は若い女の子を追いかけ回して種としての義務を果たそうとしているのだ、と言えないこともないが、まあ、それはそれでいろいろと面倒なことになりかねないし、おばあさんを見習って、孫の相手をしているほうが無難であろう。

70歳すぎになれば、徐々に体力も頭の回転も衰えてくるので、あえて手加減などしなくても小さな子どもと楽しく遊べるというのも老人にとっては都合がいい。

コロナ禍が落ち着くまではなかなか難しいかもしれないが、孫と遊ぶ機会をたくさん持つことで、老後の楽しみを増やすだけでなく、孫の親（つまり自分の子）の助けにもなるとすれば、まさに一石二鳥である。

繰り返すが、自分が社会の役に立っているという自尊心を持つことは、いつまでも老け込まずに豊かな老後を送ることにつながるのだ。もしも孫が遠くに住んでいるとか、自分自身に孫がいないとしても、小さな子どもと遊ぶのが楽しい人は、ボランティアなどで面倒を見るのもいいだろう。血のつながった孫でなくたって、子どもの親にも感謝され、そして自分も子どもと触れ合えて楽しめるのなら言うことなしだ。

もちろん、万人にすすめたいというわけではない。僕個人は孫を含めて子どもと遊ぶ時間があるのならカミキリムシを研究しているほうが楽しい。要は犯罪にならない限り、自分がいちばん楽しく生きられればいいということだ。

第6章

ボケても困らない時代の到来

テクノロジーは弱者の味方です

90歳以上はボケているのが「正常」

年を重ねるごとに無視できなくなるのが認知症の問題だろう。

実際、年齢とともに、「認知症」になるリスクは高まっていく。

厚生労働省のホームページを見ると、認知症とは、「生後いったん正常に発達した種々の精神機能が慢性的に減退・消失することで、日常生活・社会生活を営めない状態」だと定義されている。まあ、簡単にいえば「ボケ」ということだ。

日本人に最も多いのは、老廃物の一種である「アミロイドβタンパク」が脳の中に蓄積する「アルツハイマー型認知症」で、ほかにも特殊なタンパク質が蓄積する「レビー小体型認知症」や脳の萎縮を伴う「前頭側頭型認知症」などがあり、いずれも詳しい発症メカニズムについてはまだよくわかっていない。遺伝的な影響もあるが、若い頃からの生活習慣や脳の使い方によっても発症リスクに多少の違いがあることはわかってきたが大きな有意差はない。

認知症の予防法については、たくさん歩けばいいとか、2つのことを並行して行うのがいいとか、いろんなことが言われてきたが、最近の研究だとどれもたいして効かないようだし、ボケを治す薬も今のところはない。もっといえば将来的にも望み薄だ。ある程度の年齢になると、記憶を司る脳の海馬の細胞がそれ以上新しくなることはほとんどなく、14歳くらいで海馬の神経細胞の新生は止まるという説さえある。つまり肝心の細胞は古くなる一方なのである。

そうなると、少なくとも記憶力に関しては、低下する可能性のほうが高いのは当たり前で、年を取ったあとに向上する可能性は極めて低いと言わざるをえない。60～70歳になったあとから生活を変えたところで、たいした違いはないのである。60代を目の前にしたくらいからは、認知症になったらなったで仕方がないと腹をくくるしかないだろう。

2012年時点の調査では、全国の65歳以上の高齢者全体における認知症有病率は15%と推定されているが、その割合は年齢によってまったく異なる。

65～69歳は全体の1・5%で、以降70～74歳が3・6%、75～79歳で10・4%だが、80歳を超えるあたりから特に女性において急激にその割合が高くなり、85～89歳では男性が35・6％であるのに対し、女性は48・5％である。90歳以降になると男性の42・4％、女性はなんと71・8％の人が認知症なのである（令和元年6月20日、厚生労働省老健局の資料より）。

さらに95歳を過ぎると女性の80％以上は認知症というデータもあり、多数派のほうが正常だというのなら、90歳を超えたらボケているのが正常で、ボケてない人のほうが異常だということになる。

この数字だけを見ると男性より女性のほうがボケやすいように思えるが、これは女性の平均寿命が長いことも影響していると考えられる。それに加えて、日常生活を送るうえでは女性のほうがたくましいので、女性はボケても生き続けられるが、男性はそれが難しいということなのかもしれない。

ボケを「予感」するのがいちばんつらい

できることなら誰だってボケたくはないだろうが、実はいちばんつらいのは、自分がそうなることを心配しているときではないだろうか。

物忘れが相当ひどくなってきたと感じ、このままボケてしまうのだろうかなどと想像するのは恐怖に近いし、自分がボケはじめていることを恥ずかしく思ったり、周りの人にそれを悟られまいと必死になったりするのも切ないだろう。

例えば、645円の買い物をしたときに、500円玉1枚、100円玉1枚、10円玉4枚と5円玉1枚というふうに組み合わせを考えるのに時間がかかるようになってしまうと、なんでもないふりをしてぱっと千円札を出したりする。これも一種の見えである。それをいつも繰り返すから、ボケかけている人の財布の中は気がつけば小銭だらけになっているらしい。

ある人が、すっかりボケてしまった母親の手帳を見たら、子どもの名前が毎日毎日書き連ねられていたという。絶対にボケるものかと涙ぐましい努力をされていたのだろう。その心情たるや想像するに余りある。

しかし、いざ完全にボケてしまえば、そのような不安や恐怖も感じなくなるのだろうし、喉元すぎればなんとやらで、実際にそこに至ってしまえば本人にとっては別になんてことはないのかもしれない。

とはいえ、これは僕の想像にすぎず、完全にボケた人の気持ちは完全にボケてしまった人にしかわからない。死ぬときの感覚は死んだ人にしかわからないのと同じである。ボケた人に「ボケるってどんな感覚ですか？」と聞いたところで、期待するような答えは得られないだろう。

ボケても尊厳は守りたいのが人間の意地

ボケるといっても軽度なものから深刻なものまでそのレベルはさまざまだが、脳の中でも好悪や快不快の感情を司る「扁桃体」という部分はそう簡単には衰えない。だから仮に目の前にいるのが自分の子どもであることさえわからなくなるほど進行していたとしても、自分を大事にしてくれれば好意を抱き、逆に邪険にされれば嫌悪感を抱くという人間としての基本的な感情は維持される可能性が高い。

また、自分の尊厳を守ろうとする人間としての意地みたいなものは最後まで残るのではないかと僕は考えている。

　ボケた親が怒りっぽくなって困るという人もいるが、そういう人は親がボケているからといって邪険にしたり、バカにしたりしていないかわが身を振り返ったほうがいい。一部の認知症には凶暴性が増すという症状があり、そういう場合は確かに対処が難しいが、それ以外のケースでボケた人が扱いにくくなる理由の大半は、自分のことを誰もかまってくれないとか、自分が疎外されているとか、自分が嫌われていると思い込んで相手に嫌悪感を抱くせいである。

　自分は大事にされている、好かれていると満足していれば、穏やかな気分でいられるはずだ。相手がボケていたとしても人として敬い、大事にしていれば怒ったり凶暴になることは滅多にない。

　もっとも老人にとっては、ボケた人をどう扱うかということよりも、自分自身がボケたらどうするかということのほうが大問題なのだが、まあ、これに関してはボケてしまう前に自分がボケたらどう扱ってほしいのかを身近な人に伝えておくくらいのことしかできないだろう。家族の手を煩わせたくないのなら、「早めに介護施設に入れてくれ」と伝えておくのでもいいと思うが、ボケているからといってぞんざいに扱うようなところに入ってしまうと、自尊心が踏みにじられ、それに頭にきて暴れたりすればますます厄介者扱いされてしまい、一段とボケが進行するという悪循環になりかねない。

そうならないためにもできるだけ大事に扱ってくれそうな施設をボケる前に自分で探しておくほうがいいかもしれないね。

「あれ」や「これ」は最後まで忘れない

認知症とまではいかなくても、年齢とともに物忘れはひどくなる。これは脳の老化現象なので、避けることは難しい。人の記憶というのは不思議なもので、すぐに忘れてしまうものがある一方で、なかなか忘れないものもある。

忘れやすいのは固有名詞で、物忘れの初期症状だと言ってもいい。人の名前とか場所の名前がなかなか出てこないといったことはすでに経験している方も多いと思うが、残念ながらその頻度が年々増えていくことは覚悟しておくほうがいい。

ただし、同じ固有名詞でも、たびたび使うなどして脳から〝取り出しやすい場所〟にあればあまり忘れないので、忘れたくない人の名前は、折に触れて思い出すようにしておくと多少は違うのではないだろうか。

また、決して好きなわけではなく、むしろ嫌いな人なのに、絶対に忘れない名前もある。それがたとえネガティブなものであろうと、やはり印象が強い場合は脳にしっかりと刻み込まれているのかもしれない。

比較的最後まで残るのは、代名詞と動詞である。「あれ」とか「これ」とか、「行く」とか「来る」とか、ほかにも「食べる」「やる」といった言葉は忘れることがあまりない。これらの言葉は相当脳の深いところに刻み込まれているということだろう。

そういえば僕が山梨大学の教授だった頃に、学部のやり方が気に入らなかった老教授（といっても今の私よりも若かったが）が、あるとき教授会であまりにも興奮し、「あれはあれして、これはこうすべきだ！」と発言したことがあった。それに対し、老教授が何に怒っているのかわかった学部長が「仰せのとおりに致します」と答えているのを見て、僕は笑いをこらえるのに苦労した。二人の間ではわかっていても、「これ」や「あれ」が何を指すのかまったく明示的でないので、結局その老教授の意向は無視された。今は二人とも鬼籍の人だけどね。

長年連れ添った夫婦の場合なら、あれとかこれとか言うだけで、言いたいことはお互いに大体想像がつくだろうから、これらの言葉だけでも会話は十分に成り立つはずだ。あまり不便も感じないだろうし、だから多少ボケてもなんとかなる。

与えられた問題にパッと答えるような脳の瞬発力の維持というのは難しいが、その点は時間をかけることで解決できる。そういう意味では、今僕がやっている物書きのような仕事なら、急がずゆっくり進めることができるので、多少ボケたとしてもまだしばらくは続けることができそうだ。

恐怖や痛みに鈍感になるのはボケのメリット

ボケることにメリットがあるとすれば、病気や死に対する恐怖心が減ることだ。病気や死が怖いというのは感覚的なものではなく、論理的に考えた結果であるので、前頭葉の働きが衰えてそのような思考ができなければ、恐怖心は希薄になる。

なるようにしかならないと割り切ってはいても、僕だって死や病気がまったく怖くないといえば嘘になる。ボケずに生きるということは、死ぬまで死や病気への恐怖を抱き続けるということであり、それを感じずにのんびりと生きられるという意味では、ボケてる人のほうが幸せだとも言える。

また、痛みに鈍感になるというのも、ボケのメリットである。

痛みというのは防衛反応のひとつなので、本来であれば命を守るために欠かせない感覚である。痛みを感じるからこそ、人は重症化する前に対処することもできる。しかし、老人の場合は、いろんな病気になる確率が高くなるので、そのたびに痛い思いをするのではたまらない。どっちにしても先がそう長くはないのだから、痛みなど感じずに済むならそれに越したことはないだろう。実際、認知症の人はたとえがんの末期でも、痛み止めの薬を求める回数が普通の人に比べて明らかに少ないようだ。

また、体に痛みを抱え続けたことが原因でうつを発症するケースがあるように、痛みというのはかなり大きなストレスになる。

痛みをあまり感じないということは、それによるストレスから解放されるので、結果的に長生きをする可能性はある。末期がんでも痛みを緩和すれば余命は延びる。まあ、ボケたまま長生きすることがうれしいかどうかは別にしても、痛みに苦しみながら晩年を過ごすことになるよりは、はるかに幸せだと思う。

医療用大麻がいまだ合法化されない謎

認知症であるかどうかは別として、QOLの維持という考え方が広まった昨今は、痛みのコントロールというのが重要なテーマになっているようだ。痛みなどないほうがいいに決まっているのだから、これ自体はよい傾向だと思う。

ただ、日本において、例えば末期がんの患者の痛みの緩和に使われるのは、主にモルヒネなどのオピオイド（ケシから採取されるアルカロイド）で、医療用大麻の使用はいまだ認められていない。医療用大麻の有効性は世界的に広く実証されており、アメリカの多くの州ではすでに合法化されているにもかかわらず、である。有効性という意味では、日本の厚生労働省が認可を乱発しているトクホよりはるかに高く、しかも大麻がモルヒネでも効かない痛みを和らげ、がん自体の縮小にも有効だという研究成果もたくさんあるのだ。

実は日本でも国立がんセンターが2011年度に「がん性疼痛などの緩和のための病態生理に基づいた新たな治療法の開発」と題する研究を行っており、大麻ががんの疼痛を和らげる効果があるとの結論を出している。ただ日本では、それをどうしても認めたくないようで、この手の研究には公的な資金がほとんど出されず、それ以上研究が進まなかった。

厚生労働省は医療用大麻を合法化しない理由として、一般に大麻使用が広がる懸念を示しているが、例えば医療用モルヒネは合法であっても、厳重に管理されていて誰でも簡単に入手できるなんてことはありえない。医療用大麻も医療用モルヒネ並みに管理をすれば、流出することなどないはずだ。そもそも大麻は健康にさしたる影響を与えないことは欧米ではもはや常識である。

なぜ医療用大麻を頑なに認めないのか合理的な理由は見当たらない。もともと大麻取締法は敗戦後の日本を占領したGHQ（連合国軍最高司令官総司令部）に無理やりつくらされた法律で、当のアメリカはさっさと合法化しているのに、なんでもアメリカの真似をする日本がそれに倣わないのが不思議でならない。その一方で、自民党政権は、憲法はアメリカにつくらされたものだから自分たちの手で変えなくてはなどと言ってるのだから、不可解としか言いようがない。

がんの痛みに苦しむことになる可能性は誰にでもあり、明日はわが身かもしれないのだ。国民の命を守るためにあるはずの法律によって、日本人はつらい痛みから解放される貴重な術を奪われているのである。

どうせなら好かれるボケ老人になりたい

ボケることは避けられないとしても、できるなら周囲から好ましく思われるようにボケたいものだ。

以前、近所にいつも不機嫌そうにして、顔を合わせると怒っていたおじいさんがいたのだが、あるときから急に穏やかになった。年齢的にもおそらくボケてしまったのだろうなあと思ったけれど、なかなかいいボケ方だなと感じていた。

結局そのおじいさんは、それから15年くらい長生きしたあと亡くなったのだけど、奥さんに話を聞いたら、確かにボケてはいたがずっと穏やかでいてくれてとても助かりましたと言っていた。性格が穏やかになったことで家族からも大事にされるようになったことが、きっと長生きにつながったのだろう。

このように性格が温厚になるケースもあるが、自分が理想とするボケ方ができるとは限らない。やはりボケる前のキャラクターがより強調される可能性のほうが高いそうだ。

つまり、もともと怒りっぽかった人はより怒りっぽくなり、いつも笑っていた人はボケてもニコニコしている可能性が高い。もともとピントがボケているような人なら、ボケてもあまり目立たないかもしれないね。

ボケ方によって、周りからの扱われ方も変わるだろうし、好かれるボケ老人のほうが絶対に得だろう。どれだけ効果があるかの保証はできないが、ボケる前からなるべく楽しく穏やかに人と接することを体に染みつかせておけば、ちょっとは違うのではなかろうか。誤解のないように言っておくが、僕がすすめる「不良老人」というのは権力の言いなりにならない老人のことであって、人に嫌われる老人のことではない。

特に現役時代に偉い地位にあった人は、本人はいつまでも偉いつもりかもしれないが、偉そうなボケ老人は疎まれるので、ボケる前からできるだけ謙虚に生きる習慣をつけておいたほうがいいだろう。

いつも自慢話ばかりしているような人は、気がつけば誰からも相手にされなくなる。その結果自尊心が奪われると、あっという間に老け込んでしまい、それが認知症の発症を早めることになりかねないので、楽しい老後のためにもそういう態度は早めに改めておいたほうがいい。

そういえば、122歳と164日生きた長寿記録保持者のジャンヌ・カルマンさんは117歳で禁煙したそうなのだが、その理由は自分の手が思うように動かなくなり、周りの人に「タバコを吸うのを手伝ってほしい」といちいち頼むのが申し訳ないと思ったことがきっかけだったらしい。つまり彼女はそんなふうに介護してくれる人を気遣うことができた人だったのだ。そういう人は嫌われることも少ないし、尊敬もされただろう。それが長生きの秘訣のひとつだったのかもしれないね。

テクノロジーに頼ればボケても安心

ＡＩ化とロボット化がますます進む社会では、多少ボケても最低限の生活をするのに困ることはない。

テクノロジーの急激な進歩に拒絶反応を見せる人もいるが、デメリットもあればメリットもある。というのも、健常者よりもむしろ何かしらのハンディキャップのある人のほうがＡＩの恩恵を受けやすいからだ。

例えば義足がいい例で、昔の義足はあまり使い心地がよくなかったようだが、今やパラリンピックでものすごい記録を出せるほど高性能になっている。パラリンピックに出るというのでないのなら動力を使ってもいいわけだし、そうなると普通の人より楽に速く移動できるようになるのではなかろうか。

また、脳の神経細胞信号を解読し、情報伝達を代行する「ブレイン・マシン・インターフェイス」と呼ばれるテクノロジーも進歩している。これが一般化すれば、事故や病気で手足が切断されて体が不自由になった人も、自分の意思で手足の代わりになるロボットアームを動かせるようになる。抹消の神経を介さずに直接マシーンに命令を伝えることができれば脊髄損傷やＡＬＳ（筋萎縮性側索硬化症）の患者の生活の質だって劇的に変わるだろう。

認知機能が低下した高齢者ドライバーによる死亡事故の多発も社会問題になっているが、今後自動運転技術がもっと発展し、広がっていけば、車を使うときにも自分で運転する必要がなくなる。車がなければ生活がままならない地方に住む高齢者にとってはとてもありがたいことだろう。

お互いボケかけている老人だけの生活や老人の独り暮らしというのは、火の消し忘れなどの危険を伴うが、それとて、ＡＩやＩｏＴ（モノのインターネット）に適切に管理してもらうことで安心して暮らせるようになる。例えば、一定以上の気温をセンサーが察知すると自動的にエアコンが稼働するようになれば、皮膚感覚が鈍感になった老人の熱中症も防げるだろう。家事を代行するロボットもどんどん進歩していくだろうから、自分でやることが困難になった身の回りのことは全部任せてしまえばいい。

そのようなテクノロジーの進歩に自分の頭がついていけるだろうかと不安を覚えるかもしれないが、その心配はあまりないと思う。なぜならテクノロジーの究極のテーマは「誰でも簡単に」使えることだからだ。スマートフォンがこれだけ一般化したのだって、少なくとも基本的な機能の部分は「誰でも簡単に使える」からにほかならない。

どうせ理解できないとか、自分には無理などと、変に苦手意識を持ったりせず、最新技術はどんどん試してみるほうが、楽しく豊かな老人生活を送るうえで絶対に得だと思う。今を楽しく生きたいのなら、なおさらＩＴは使うべきツールだと言ってもいいだろう。

「使えない」のと「使わない」のとでは大違いなのだ。

ロボットにならわがままも言い放題

いよいよ動けなくなって介護が必要になった場合、ＡＩが搭載された人型ロボットに面倒を見てもらうのも悪くない。機械の世話になるなんてまっぴらだと思うかもしれないが、人の温かみにこだわるのもそれはそれで面倒なのだ。

相手は感情をもった人間なのだから、わがままばかり言えば怒ったり機嫌が悪くなるだろうし、それに気を使って言いたいことも言えないというのではこっちのストレスも溜まる。体が思うように動かなくて、自分が誰かに迷惑をかけているのではないかとか、相手は自分を疎ましく思っているのではないかなどといちいち気にして、罪悪感や劣等感を抱いたりするのは決して楽しいことではない。

しかしロボットはその点、気楽である。さんざんこき使ったとしても文句は言わないし、どんなわがままも聞いてくれるようにプログラムしておけばこっちのやりたい放題である。いちいち相手の気持ちを忖度して、申し訳ない気持ちになる必要もない。余計なストレスがないのだから健康に悪いはずもなく、結果的に長生きできる可能性も高まるのではないだろうか。

ある介護施設で、入居しているお年寄りに「どの介護員がいちばん親切にしてくれたか？」という質問をしたら、「いつも玄関にいるあの人」という答えが返ってきたらしいが、玄関にいる介護員とは実は介護ロボットだったのだそうだ。

人間そっくりのアンドロイド型ロボットなら、むちゃくちゃイケメンのロボットや超美人のロボットに介護してもらうこともできる。そのうち、アンドロイドに恋心まで抱く可能性もあるが、それもまた楽しいと思う。

また、犬や猫というのは人間と同様に扁桃体が発達しているので、やさしくしてくれる人には相手を選ばずなついてくれる。だから一緒にいると心が安らぐし、孤独になりがちな老人の相手としては理想的ではあるが、かわいがったぶん、先に死なれたときのショックも大きい。それもあって最近はペット型ロボットも人気だと聞くが、確かに賢い選択なのかもしれない。

また、老人に必要かどうかは別として、アメリカではセックスの相手をしてくれるロボットまで登場しているらしい。ソフトを変えるだけで、タイプも自由自在に変えられるそうで、SM専用まであるというからあらゆるニーズにお応えするということなのだろう。

遺伝子解析技術の功罪

遺伝子解析技術の発展はめざましく、今や自分の唾液を専用キットに入れて返送するという気軽さで遺伝子解析サービスが受けられる時代になった。まだまだわからない部分も多いのだが、今後その精度がどんどん上がっていくのは間違いない。

現段階でも、その解析結果によって、がんや糖尿病など疾病リスクのレベルが明らかになるようだが、おそらく今後20年のうちに、もっと詳細な部分までわかるようになるはずだ。

がんにしても発症しやすいかどうかだけでなく、その人にとって何が最大のリスク要因なのかというところまで詳細に解析できれば、そうならないための対策もはっきりする。そうすれば、ただ一般論になぞらえて、その人にとっては実は意味のない治療や生活習慣の改善までやらされる羽目になったり、無駄な我慢をしたりするのを防ぐことができる。

もちろんいくらオーダーメイドの健康法だとはいえ、推奨されることすべてを完璧にやり続けるのは、長寿のためだけに生きるようなものなのであまり楽しくはなさそうだ。でも、最低限これとこれだけというふうにひとつかふたつくらいなら、面倒くさがりの僕のような人だって実行するのはやぶさかではない。

気軽に自分の遺伝子を解析できるようになり、誰もが自分の遺伝子によって設定された寿命を効率よく最大限まで発揮できる方法を知ることができるのは、決して悪いことではない。しかし、未来がわかりすぎることは一方でめんどくさい問題を引き起こしてしまう。

遺伝子の解析が一般化すると、例えば保険に入る際、遺伝子情報の提出を求められるかもしれない。そうなるとがんのリスクが高い人は、がん保険の保険料がバカ高く設定されたり、場合によっては入れないといったことが起こりかねない。また、比較的若い年齢で大病をするリスクが高いとなれば、自分の将来に希望が持てなくなったり、結婚を諦めたりする人も出てくるのではないだろうか。

予防できることは予防するに越したことはないが、対処のしようがない病気についてはそれを知ることによるデメリットのほうが大きい。未来はあやふやだからこそ希望があるのは、老人に限った話ではないのである。

だから、これから遺伝子解析技術が劇的に発展して、誰もが遺伝子検査を受けるのが当たり前という時代になったら、究極の個人情報である遺伝子情報をどう管理するかが課題となるはずだ。本人に知らせる情報の範囲も限定して、遺伝情報はＡＩの中でのみ管理されるものとする、といった厳格なルール作りが必要だろう。

ただし、個人のゲノム（遺伝情報の総体）が詳細に解析されて、それに呼応した最適な生活習慣がわかったとしても、若いうちから始めないと効果はあまりないだろう。中年になってから慌てて遺伝子検査をして生活習慣を改めたとしても、残念ながら成果は限定的だと思う。

国民全員に10万円支給は毎月やるべき

ＡＩやロボットにしろ、遺伝子解析にしろ、最新のテクノロジーを利用しようとすれば当然それなりのお金が必要になる。だからしばらくの間は、金持ちだけが利用できて貧乏人は後まわしになるのは目に見えているが、これはかりは仕方がない。

ただ、一時的にはそのような格差が生じたとしても、その先にはみんなに行きわたる時代が必ずやってくる。テレビしかり、携帯電話しかりである。

テクノロジーの恩恵をみんなで享受しようとすれば、人口はむしろ少ないほうがいい。単純に考えて人口が半分になれば、一人当たりの資源量は倍になる。

現在地球上には78億人もの人が生きているが、これはどう考えても多すぎる。グローバル資本主義は、人口やエネルギー資源が増えることを前提に成り立っているが、ＡＩやロボットが発達すれば、そもそも労働力など不要になる。だから人口はもっと少なくていいわけだ。全世界で10億人もいれば十分だろう。もちろん今いる人を殺せと言っているわけではなく、何世代かかけて徐々に人口が減るように仕向けていけば、すべての人に幸せが行きわたる世界ができあがるのではないだろうか。

とはいえ、もちろんＡＩやロボットにあらゆる仕事を奪われれば、世の大半は失業者になる。こうなるとモノは売れなくなり、資本主義も人々の生活も立ち行かなくなるのでその手当ては必要である。それを可能にするのが、すべての国民に一律の現金を支給する「ベーシックインカム」制度だと僕は考えている。

「新型コロナウイルス感染症緊急経済対策」として、国民全員に10万円ずつ支給されたが、あれがまさにベーシックインカムだ。これを毎月やればいいのだ。ベーシックインカムの大半は使用期間限定の貨幣にすればいい。貯めるのではなく、使うことを前提に現金を支給すれば、経済は回っていく。

また、すべての人に一律に支給するため、権力による差配の余地がなくなるのも、ベーシックインカムのメリットのひとつである。

ベーシックインカムの障壁となるのはその財源だといわれるが、経済を回すことが目的なら、国が紙幣をどんどん刷るという方法もある。あるいは、ＡＩ化によって人員削減に成功した企業は莫大な利益を得ることになるのだから、高い税金を課し、それを原資として利用するという手もあるだろう。企業にしたって、買う人がいなければモノは売れないのだから、それに異を唱えて自らの首を絞めるようなことはないと思う。

富める者と貧しい者の格差など、資本主義の問題点はこれまで散々論じられてきたが、人間の倫理や道徳だけではなかなか社会は変えられない。

けれども、技術の進歩は確実に社会を変えていく。僕は生きていないけれど、これから50年後には今とはまるで違う世界ができあがっているに違いない。ちょっと見てみたい気もするけどね。

リモートで老人のチャンスも広がる

コロナ禍で思うように人と会えなくなり、さまざまなことがリモートで行われるようになったが、それによるメリットはたくさんある。

例えば僕は年中、日本のあちこちへ講演会に出かけていたが、コロナ禍のせいでその大半が中止や延期になったりした。それは確かに残念なのだが、あるとき、Ｚｏｏｍでやってみては？　という話になり、実際にやってみたらこれがけっこううまくいった。

そのとき気づいたのは、講演会の場合は会場に足を運ぶ手段と体力が必要だけど、リモートの講演会なら体力のない老人でも、出かける手段がない人でも、体が不自由な人でも、ネット環境さえあれば気軽に参加できるメリットがあるのだな、ということだ。つまりこのようなリモートシステムというテクノロジーもまた、弱者を助けてくれるツールなのである。

おそらく今回のコロナ禍をきっかけにあらゆることがリモートで可能になる。ヴァーチャル旅行といったものもはやっているそうだ。もちろん旅行というのは現地に行ってこそ楽しいものではあるが、足腰が弱ってくれば旅行をするといっても限度がある。しかし、ヴァーチャル旅行なら、たとえ寝たきりになったとしてもアメリカだってイギリスだってアフリカの奥地にだって行くことができるのである。

リモート飲み会というのは正直、何が楽しいのかいまいち僕には理解できないが、少なくとも遠くにいる友人にわざわざ会いにいかなくても、すぐに会えるという利点はあるだろう。

政府がどれだけ言ってもまったく進む気配のなかった「働き方改革」だって、コロナ禍のおかげで一気に進んだ。それによって在宅勤務が当たり前になり、満員電車に乗って会社に行かなくても仕事ができるようになったことは、老人にとっても悪い話ではない。これまでなら通勤が大変という理由でもう続けられないと思っていた仕事でも、諦める必要はなくなるかもしれないのだ。田舎に住んでいても都会にいるのと同じように仕事をすることもできる。年を取ったあとまで人間関係に煩わされたくないという人にとっても、自宅にいながら仕事ができることは大きなメリットであるはずだ。

高齢者ほど重症化のリスクが高いと言われ続け、自らの年齢を恨めしく思うことが増えたかもしれない。

しかしこのコロナ禍が老人や老人予備軍の人たちに与えてくれた、新たなチャンスや楽しみも確実にあるのである。

おわりに

コロナ禍でどこにも行けずに鬱々としているお年寄りが多いと思うが、たまには外出しないと本当のうつになりそうだ。ＧｏＴｏキャンペーンで出かけたくても、有名観光地は混んでいて、慎重な人は怖くて行けないという気持ちはよくわかる。

そもそも今のＧｏＴｏキャンペーンのやり方は、ＧｏＴｏトラベル事務局や大手旅行代理店に金が落ちる仕組みで、中小の旅行代理店や旅館はほぼ蚊帳の外だ。システムを複雑にすればするほど、余計なところにお金が必要で、肝心なところにお金が回らない。なぜ単純なシステムにしないのかというと、単純にすると権力の恣意的な差配が難しくなるからだ。

２０２０年の特別定額給付金が素晴らしかったのは、全国民に一律10万円を無条件で給付する制度だったからだ。給付する人としない人を分ける手間が省けたところが素晴らしい。いつも安倍前首相の悪口ばかり言っているが、これは珍しく英断だった。

ただし、のちに麻生副総理は、10万円は大方貯蓄に回って景気浮揚にはならなかったと、これも珍しく正鵠《せいこく》を射た発言をしたが、特別定額給付金は使用期限を1年とかにして、貯蓄に回らない工夫をすればもっとよかったと思う。

GoToトラベルに関しても、国民一人当たり2万〜3万円（千円券20〜30枚）の期限付きの旅行券を無条件に給付して、全国どこの宿泊施設でも使えるようにすれば、GoToトラベル事務局の人件費などの余計な経費は使わなくて済む。

旅行に行きたくない人は金券ショップで少し安く売って、もっと行きたい人が多少安く入手できるようにすれば、期限内に大方の旅行券は使われて、旅行業界はひと息つけるだろう。

年寄りは有名観光地を避けて、あまりお客さんが来ない旅館に泊まれば、COVID－19に感染するリスクも少なくなる。経済を回しながらできるだけ感染確率を下げるにはどうしたらいいかを考える工夫が公私ともに必要だろう。

ｍＲＮＡワクチンの有効性が喧伝されているが、これでＣＯＶＩＤ－19の流行が抑えられるかどうかはまだ定かではない。しばらく流行は続くと思って感染リスクをなるべく減らしながら、楽しく遊ぶ工夫を考えなければならない。みんなで一斉に同じことをするという日本人の行動パターンが感染リスクを高めていることは間違いなく、となるとこれと真逆なことをして楽しめるかどうかが問われることになる。

人がたくさんいてガヤガヤしているところに行かないと遊んだ気がしない、という感性を、誰もいない景色を一人（夫婦）だけで眺めるほうが楽しいという感性に変えるにはどうしたらいいのか。まずは試してみなければ始まらないので、なるべく辺鄙《へんぴ》であまり有名ではないところを選んで行ってるうちに、思いもかけなかった楽しみが発見できるかもしれない。

自宅にいる時間が増えたので、自宅にいてできる趣味を見つけてそれに打ち込めば、新たな楽しみになるかもしれない。いずれにせよ、コロナ禍をただ嘆くのではなく、これを奇貨として新しい生き方が見つかれば、老後も少しは楽しくなると思う。

権力に迎合せず、お上の言いなりにならず、同調圧力に流されず、自分の頭で考えて、適当にだましだまし生きながら、豊かな老後を過ごしてほしい。

あとは、Ｇｏｏｄ Ｌｕｃｋと言うほかはない。

池田清彦

２０２０年　霜月　まだ霜が降りてない高尾の寓居にて

池田清彦《いけだ きよひこ》

1947年、東京都生まれ。生物学者。東京教育大学理学部生物学科卒、東京都立大学大学院理学研究科博士課程生物学専攻単位取得満期退学、理学博士。山梨大学教育人間科学部教授、早稲田大学国際教養学部教授を経て、現在、早稲田大学名誉教授、山梨大学名誉教授。高尾599ミュージアムの名誉館長。生物学分野のほか、科学哲学、環境問題、生き方論など、幅広い分野に関する著書がある。フジテレビ系『ホンマでっか!?TV』などテレビ、新聞、雑誌などでも活躍中。著書に『世間のカラクリ』(新潮文庫)、『生物学ものしり帖』『本当のことを言ってはいけない』(ともに角川新書)、『自粛バカ リスクゼロ症候群に罹った日本人への処方箋』(宝島社新書)、『環境問題の嘘 令和版』(MdN新書) など多数。また、『まぐまぐ』でメルマガ『池田清彦のやせ我慢日記』(http://www.mag2.com/m0001657188)を月2回、第2・第4金曜日に配信中。

編集協力／熊本りか
装丁・DTP／小田光美

扶桑社新書 360

騙されない老後
権力に迎合しない不良老人のすすめ

発行日 2021年1月 1 日　初版第1刷発行
　　　 2021年1月30日　　 第2刷発行

著　　者………池田清彦
発 行 者………久保田榮一
発 行 所………株式会社 扶桑社
〒105-8070
東京都港区芝浦1-1-1 浜松町ビルディング
電話 03-6368-8870(編集)
　　 03-6368-8891(郵便室)
www.fusosha.co.jp

印刷・製本………株式会社 廣済堂

Printed in Japan　978-4-594-08687-9